饭店前厅服务与管理（双语版）

Fandian Qianting Fuwu Yu Guanli

主　编　王　华　苟雪芽　宋彦华

副主编　韩　斌　况黎黎　葛静宜　吴艾嘉

主　审　王庆春

重庆大学出版社

内容提要

本书借鉴了众多专家学者关于饭店前厅服务与管理的最新研究成果,同时对我国饭店行业进行了比较深入的实地考察,以让学生们能够及时了解和掌握饭店前厅部目前经营和管理的状况,学习到饭店前厅服务与管理的最新知识。

本书力求理论精当、简明扼要、深入浅出、通俗易懂、语言简练、突出应用,强调理论性、实用性和操作性相结合的原则,通过明确职业能力目标、任务设定、情景对话编排、章节知识体系罗列、部门专业词汇、短语、常用句型汇编及相关知识库等形式,引导学生对本章的重点、难点等内容进行分析、讨论和模拟训练;每章结束后针对本章重点内容精心设计了本章概念、同步测试、综合实训、学习评价等项目,以帮助学生掌握较多的饭店前厅服务与管理的实际经营和管理技巧。

本书是一部以培养高职高专学生实际经营和管理能力、技巧为目的的饭店前厅服务与管理专业教材,亦是饭店从业人员的学习培训用书。

图书在版编目(CIP)数据

饭店前厅服务与管理/王华,苟雪芽,宋彦华主编.
—重庆:重庆大学出版社,2016.3(2020.2重印)
ISBN 978-7-5624-9613-7

Ⅰ.①饭… Ⅱ.①王… ②宋… ③苟… Ⅲ.①饭店—商业服务—高等职业教育—教材②饭店—商业管理—高等职业教育—教材 Ⅳ.①F719.2

中国版本图书馆 CIP 数据核字(2016)第 008137 号

饭店前厅服务与管理

主 编 王 华 苟雪芽 宋彦华
副主编 韩 斌 葛静宜 吴艾嘉
罗艳蓓 欧阳佳佳
策划编辑:顾丽萍

责任编辑:杨 敬 许红梅 版式设计:顾丽萍
责任校对:谢 芳 责任印制:张 策

*

重庆大学出版社出版发行
出版人:饶帮华
社址:重庆市沙坪坝区大学城西路 21 号
邮编:401331
电话:(023)88617190 88617185(中小学)
传真:(023)88617186 88617166
网址:http://www.cqup.com.cn
邮箱:fxk@ cqup.com.cn(营销中心)
全国新华书店经销
POD:重庆新生代彩印技术有限公司

*

开本:720mm×960mm 1/16 印张:11.5 字数:206 千
2016 年 3 月第 1 版 2020 年 2 月第 2 次印刷
ISBN 978-7-5624-9613-7 定价:29.00 元

前　言

　　为了适应高职高专旅游管理等相关专业的教学改革需要，我们组织了一批长期从事高职高专旅游专业教学和实践的教师、旅游业界专家，他们在深入调查饭店前厅部目前经营和管理状况及其所面临问题的基础上，把自身的实践经历和教学经历融合起来，编写了这本实用性强、通俗易懂的高职高专旅游管理专业的教材。

　　本书是根据我国高等职业教育发展的特点而编写的，以培养高职高专学生动手能力和实际经营管理能力为目的，强调应用性、可操作性和实战性。因此，在编写中，我们在突出饭店前厅服务与管理的基本知识和基本方法的基础上，更强调基础理论的应用性、基本技能的可操作性和实战性教学，阐述了饭店前厅部各岗位经营和管理实务。

　　本书在结构选择、内容安排等方面也做了大胆的改革。各章前面有职业能力目标、章节知识体系罗列，结合内容配有任务设定、情景对话编排、部门专业词汇、短语、常用句型汇编及相关知识库，章后有本章概念、同步测试、综合实训、学习评价，以帮助学生在了解理论知识的同时，获取较多的饭店前厅部实际经营和管理的技巧。

　　本书主要适用于高等职业教育旅游管理专业的学生，也可以作为其他类型旅游专业大专生的教学用书及饭店从业人员的培训教材。

　　在编写中参考了许多专家学者的大量研究成果，并将个别酒店预订网站的信息作为案例编入教材中，极大地丰富了本书的内容，在此向有关作者一并表示感谢。

　　本书由昆明冶金高等专科学校王华老师、宋彦华老师与北京航天航空大学北海分院的苟雪芽老师主持编写,昆明冶金高等专科学校王庆春老师担任主审,韩斌、葛静宜、吴艾嘉、罗艳蓓、欧阳佳佳任副主编,参编人员有杨莉惠、童晓茜、孙云帆、毛晓凰、贾云辉、张晟宇、张翠莲。

由于编者水平和能力所限,书中不足和疏漏在所难免,真诚地希望各位同行专家、教师和广大读者不吝批评指正。

编　者

2016 年 1 月

目　录
CONTENTS

第1章 前厅部概述

Chapter 1 Summary of the Front Office

【职业能力目标】

专业能力

★ 注意使用礼貌用语。

Pay more attention to the use of polite language.

★ 回答客人问询与介绍酒店设施。

Deal with guest enquiries and introduce facilities.

★ 工作中注意仪容仪表。

Ensure that our staff always maintains a good appearance during work.

职业核心能力

★ 具备与客人进行口头交流的能力。

Possess the ability of oral communication with guests.

★ 具备与酒店其他部门沟通的能力。

Possess the ability of communication with the other departments of the hotel.

前厅部又称为总服务台或大堂部,负责推销酒店的产品与服务,为客人提供订房、登记、问讯、电话、订票、行李以及退房等一系列服务。酒店前厅部不仅是酒店的"橱窗",而且也是酒店的"神经中枢",前台的服务效率及质量代表酒店的整体水平。

The Front Office of a hotel can also be named general service office or lobby, which is in charge of the sales and promotion of hotel service. Many services are provided in the front office, such as room reservation, registering, enquiring, telephoning, ticketing, luggage, and checking out. The Front Office of a hotel is not only its "shop window" but also its "nerve center". The efficiency and quality of front office service represents the overall hotel service standard.

　　酒店大堂是前厅的一部分。大堂是客人办理住宿登记手续、休息、会客、结账的地方，前台也提供客人入住、入账、外币兑换等服务。大堂是客人进店后首先接触的公共场所。

The hotel lobby is one department of the Front Office. Lobby is the place where customers register, rest, have meeting and check-out, and it is the place where customers check in, account, enquire and exchange foreign currency. Lobby is the public place which guests contact at first after they get into the hotel.

　　一般而言，酒店前厅部员工分成经理、主管、领班、接待员四个层次。酒店前厅部的员工必须有良好的仪容仪表，机智灵活，彬彬有礼，有较强的应变能力、工作有效率及责任感，具备较高的语言表达能力，酒店员工应当铭记，只有使客人对这个"家外之家"的服务倍加满意，酒店才会有更好的经济效益。

Usually, there are division manager, supervisor, captain and attendant in the Front Office of a hotel. The Front Office staff must have a neat and smart appearance, good manners, adaptability, efficiency, the sense of duty and a knowledge of languages. All stall ought to remember that the hotel will enjoy greater financial success only when guests receive service from the "home away from home" with greater satisfaction.

　　【本章的知识体系】

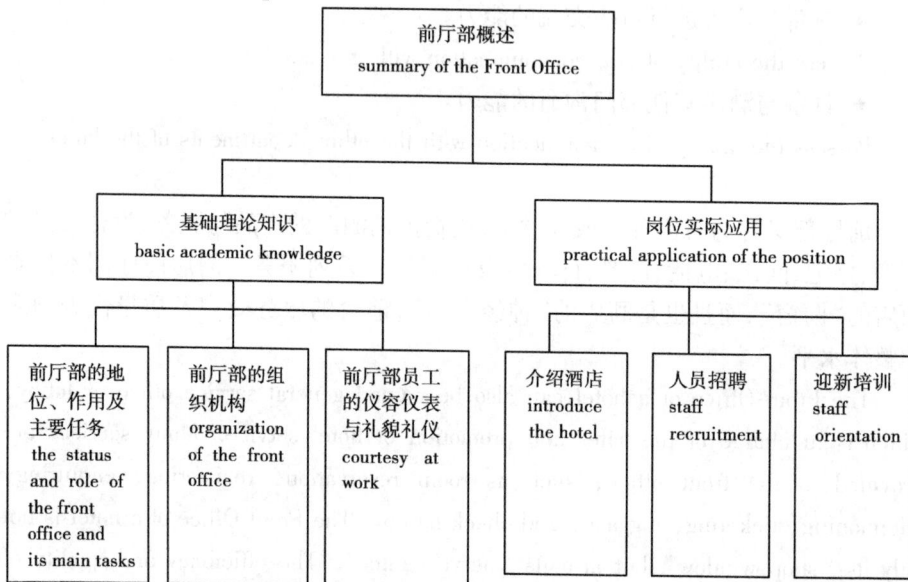

🕊 部门词汇荟萃

the Front Office/F. O.　前厅部　*n.*

lobby　大堂　*n.*

Front Desk　前台　*n.*

Reception/Check-in　接待处　*n.*

Cashier/Check-out　收银处　*n.*

Information　问询处　*n.*

manager　经理　*n.*

captain　领班　*n.*

supervisor　主管　*n.*

introduce　介绍　*v.*

appearance　外表　*n.*

uniform　制服　*n.*

handbook　手册　*n.*

business center　商务中心　*n.*

ticket service　票务　*n.*

swimming pool　游泳池　*n.*

Western restaurant　西餐厅　*n.*

Chinese restaurant　中餐厅　*n.*

lobby lounge　大堂吧　*n.*

clinic room　医务室　*n.*

sauna　桑拿　*n.*

massage　按摩　*n.*

beauty salon　美容厅　*n.*

multi-function hall/meeting room　多功能厅/会议室　*n.*

parking lot　停车场　*n.*

🕊 部门短语荟萃

organization chart　组织机构

not only...but also　不仅……而且

ought to　应当

good manners　彬彬有礼

to be tired of　厌倦,厌烦

pay attention to　注意

as well as　也,又;此外

according to　根据,按照,据……所说;如;比照

home away from home　家外之家

shop window　橱窗

nerve center　神经中枢

部门句型荟萃

1. Good morning/afternoon/evening, sir/madam.

早上/下午/晚上好,先生/女士。

2. Good night.

晚安。

3. Have a good time!

祝您过得愉快!

4. Wish you a most pleasant stay in our hotel.

愿您在我们酒店过得愉快!

5. I'm sorry.

对不起,很抱歉。

6. Excuse me.

打扰一下,对不起。

7. Sorry to have kept you waiting.

对不起,让您久等了。

8. Just a moment, please.

请稍等一下。

9. I apologize for this.

我为此道歉。

10. Can I help you?

我能帮您吗?

11. It's very kind of you.

您真客气。

12. Thank you.

谢谢您。

13. You are welcome.

不用谢。

14. I am at your service.

乐意为您效劳。

15. Turn left/right.

往左/右转。

16. This way, please.

请这边走。

17. It's on the second floor.

在二楼。

18. Happy birthday！生日快乐！Happy New Year！新年快乐！Merry Christmas！圣诞快乐！

19. May I come in?

我可以进来吗?

20. May I know your room number and name?

能告诉我您的房间号码和姓名吗?

21. Would you please introduce yourself?

请你介绍一下你自己。

22. When can you begin to work here?

你什么时候能够开始工作?

23. Could you tell me something about the Front Office?

你能否告诉我你对前厅部工作的理解?

24. It is my pleasure.

这是我的荣幸。

25. How long have you worked there?

你在那儿工作多久了?

26. May I ask the reason why you want to leave?

我想问一下你离开的原因是什么?

27. Don't worry.

别担心。

28. You should remember you are part of a work team.

你必须记住你是团队的一部分。

第1单元　前厅部的地位、作用及主要任务

Unit 1　The status and role of the front office and its main tasks

1.1　前厅部的地位和作用

前厅部(Front Office)：是招徕并接待客人，推销客房及餐饮等酒店服务，同时为客人提供各种综合服务的部门。前厅部也称客务部、前台部、大堂部，位于酒店的门厅处，是酒店组织客源、销售住房商品、联络和协调各部门的对客服务，并为客人提供前厅系列服务的综合性部门。

前厅部一般都设置在酒店大堂最显眼的位置，使客人进入酒店后能够很方便地找到服务台，以便办理入住等相关手续。"大堂部"的名称突出了其在酒店中的位置以及其与大堂有关区域的关系。而有些酒店称其为"总服务台"，则强调了其在酒店综合服务中的重要地位与作用。

前厅部是现代酒店的重要组成部分，在酒店经营管理中占有举足轻重的作用。前厅部的运转和管理水平直接影响整个酒店的经营效果和对外形象。由于其工作具有接触面广、政策性强、业务繁杂、关系全局等特点，因此它在酒店中占有非常重要的地位，起着极其重要的作用，主要体现在以下几个方面：

1) 酒店的"脸面"

前厅部是酒店营业橱窗，反映酒店的整体服务质量，一家酒店的服务质量和档次高低，从前厅就可以看出。前厅是酒店的"脸面"，这张脸是否"漂亮"，不仅取决于硬件设施设备质量和豪华程度，更取决于前厅员工的精神面貌、人员气质、服务态度、服务技巧、办事效率、礼貌礼节以及组织纪律等。在客人眼中，前厅部是酒店的全部。而且，在大堂汇聚的大量人流中，除住店客人外，还有就餐、开会、购物、会客交谈、检查指导等客人。他们往往停留在大堂对环境、设施、服务评头论足。因此，前厅管理水平和服务水准，往往代表酒店管理水平、服务质量和服务风格。前厅代表酒店形象，公众对酒店的总体评价，是酒店的表现与特征在其心中的反映。形象对酒店生存和发展有着重要影响，一个好的形象是酒店的精神财富。

2) 酒店的"神经中枢"

前厅部是酒店的"神经中枢"，在客人心中是酒店管理机构的代表。前厅部在很大程度上控制和协调整个酒店的经营活动。对外，前厅部是综合服务部门，

业务繁杂、服务项目多、服务时间长,还要及时地将客源、客情、客人需求投诉等各种信息传递给其他部门。对内,前厅部在酒店经营活动中是承上启下、联系内外、疏通左右的枢纽,可以说是整个酒店的"神经中枢",协调全酒店的对客服务工作,以确保服务工作的效率和质量。

3) 酒店的"创收推手"

前厅部具有一定的经济作用,其经济作用就体现在邮政、电信、票务、出租车服务等有直接收入的过程中,销售工作的好坏也直接影响酒店的客人数量。因此,前厅应该积极地推销酒店产品,将到店的客人留下;绝不能被动地等待客人。

4) 酒店的"信息中心"

前厅部的工作有利于提高酒店决策的科学性。前厅部是酒店的"信息中心",它收集客源、客房销售、营业收入、顾客需求及反馈意见等原始信息,对真实数据进行整理、加工和分析,制成报表,并由此形成酒店管理者进行科学决策的依据。如酒店就是根据节假日客人到店人数的平均数进行节假日的房价调整,同时计算不同时间团队客人的入住率。

5) 酒店的"桥梁"

前厅部是建立良好宾客关系的重要环节,自始至终都是为客人服务的中心。前厅部人员为客人提供的服务从客人抵达酒店前的预订入住到客人离店建立客史档案,贯穿于客人与酒店交易往来的全过程。前厅部是客人接触最多的部门,因此是建立良好宾客关系的重要环节。

1.1.2　前厅部的主要任务

1) 接受预订

客人入住酒店前,可通过传真、电话、保证等方式预订房间。

2) 礼宾服务

作为直接向客人提供各类相关服务的前台部门,前厅服务范围涉及机场和车站接送服务、门童行李服务、入住登记服务、离店结账服务,还涉及换房服务、退房服务、问询服务、票务代办服务、邮件报刊(函件)服务、电话通信服务、商务文秘服务等。

3) 入住登记

前厅部不仅要接待住店客人,为他们办理住店手续,还要办理团队、会议、散客换房、延期住房、留言、转交服务等。

4) 房态控制

酒店客房的使用状况是由前台控制的,准确有效的房态控制有利于提高客房利用率及对客服务质量。如当天有大型会议在酒店召开,前厅经理或营销部经理就需进行时段控房,用收益管理让房间收益最大化。

5) 财务管理

客人进店入账、离店挂账、结账等多项工作。

6) 信息管理

前厅部要负责收集、加工、处理客源、客房销售、营业收入、顾客需求及反馈意见等原始信息,对真实数据进行整理加工和分析后制成报表,并将其传递到客房、餐饮等酒店的经营和管理部门。同时,前厅是客人汇集活动的场所,前厅服务人员与客人保持着最多的接触,因此前厅服务人员应随时准备向客人提供其所需要和感兴趣的信息资料。如酒店近期推出的美食周、艺术品展览等活动信息,可以使住店客人的生活更加丰富多彩。前厅服务人员还应充分掌握并及时更新商务、交通、购物、游览、医疗等有关方面详细和准确的信息,使客人"身在酒店内便知天下事",处处让客人感到方便。

7) 推销客房

客房是酒店最主要的产品,目前我国许多酒店的客房赢利占整个酒店利润总额的50%以上。除了营销部以外,前厅预订和前台接待也要负责客房推销工作,既要受理客人预订,也应随时向没有预订的零散客人(walk-in guests)推销客房等酒店产品和服务。前厅部接待员在总服务台这一岗位上,担当着向客人介绍、推销客房的职责。通常饭店的交通位置越方便,散客在住店宾客中所占的比例也就越高:前厅部销售的客房数量通常会少于酒店市场营销部,但达成的价格会远高于市场营销部对团体的售房价格。前厅部的员工还可以在为宾客提供问讯服务的同时,向宾客推销酒店的餐饮、康乐等部门的产品,带动其他业务部门的销售。

第2单元　前厅部的组织机构

Unit 2　Organization of the Front Office

1.2.1　前厅部组织机构图

酒店因规模不同,前厅部组织机构可以有很大区别。大型酒店前厅部职能划分较细,比较专一,而小型酒店往往一岗多能。

大酒店与小酒店在组织机构上的区别主要表现在以下三个方面:

1)大酒店的管理层次多,小酒店的管理层次少

大酒店的管理层次一般是前厅经理—主管—领班—服务员四个层次,而小酒店则只有经理—领班—服务员三个层次。

2)大酒店组织机构内容多,小酒店组织机构内容少

很多大酒店前厅部设有车队、商务中心等,而小酒店则没有。

3)大酒店前厅部很多职能分开,由不同的岗位负责,小酒店则是合"二"为一,甚至合"三"为一,合"四"为一

由于前厅部和客房部的密切关系,大多数酒店将前厅部和客房部合二为一,称为"客务部"或"房务部"(Room Division),也有酒店因考虑到前厅部的销售功能,将其归到酒店的公关销售部。图1.1、图1.2、图1.3是大、中、小型酒店的组织结构参照图。

1.2.2　前厅部各部门的职能

1)预订处(Reservation)

接受、确认和调整来自各个渠道的房间预订,办理订房手续;制作预订报表,对预订进行计划、安排和控制;掌握并控制客房出租状况;负责对外宣传和联络客源;定期进行房间销售预测并向上级提供预订分析报告。

```
                          ┌──────────┐
                          │  客务总监  │
                          └────┬─────┘
                               │
                          ┌────┴─────┐
                          │ 前厅部经理 │
                          └────┬─────┘
```

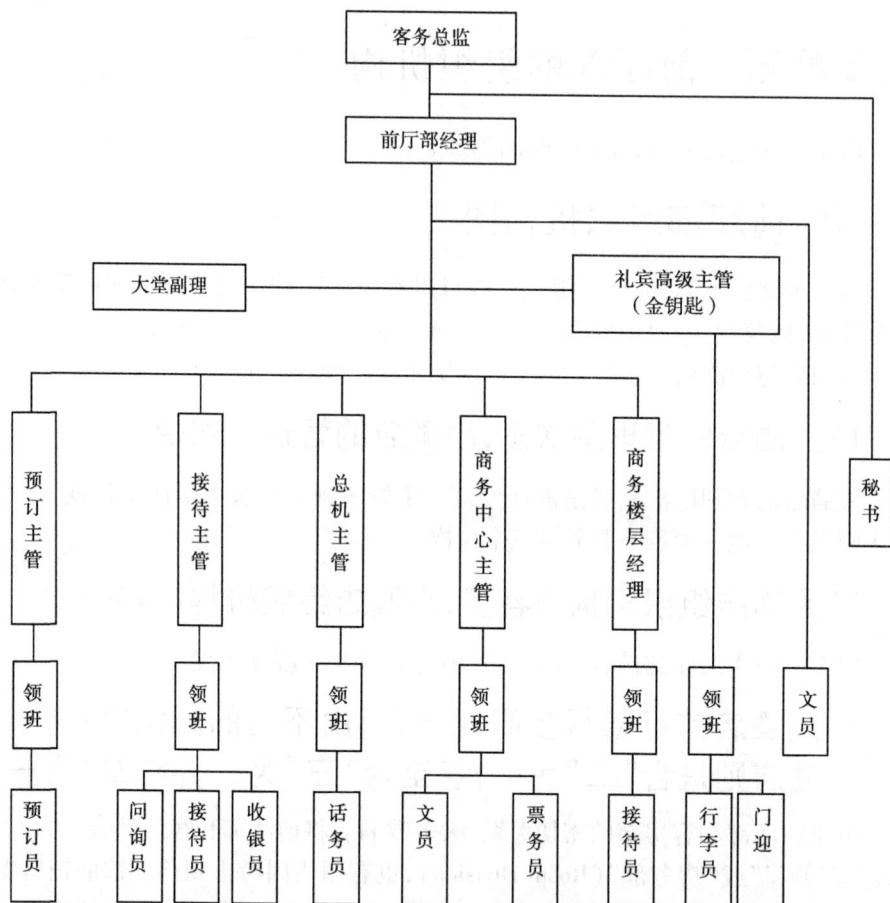

图 1.1　大型酒店前厅部的组织机构

2) 接待处(Reception/Check-in/Registration)

接待处又称"开房处",主要职责是销售客房,接待住店客人,为客人办理入住登记手续,分配房间;掌握住店客人消费动态及信息资料,控制房间状态;统计到店人数,完成客房入住日报表,制订客房营业日报等表格;协调对客服务工作。

3) 问询处(Information/Inquiry)

回答客人问讯,包括介绍店内服务及有关信息、市内观光、交通情况、社团活

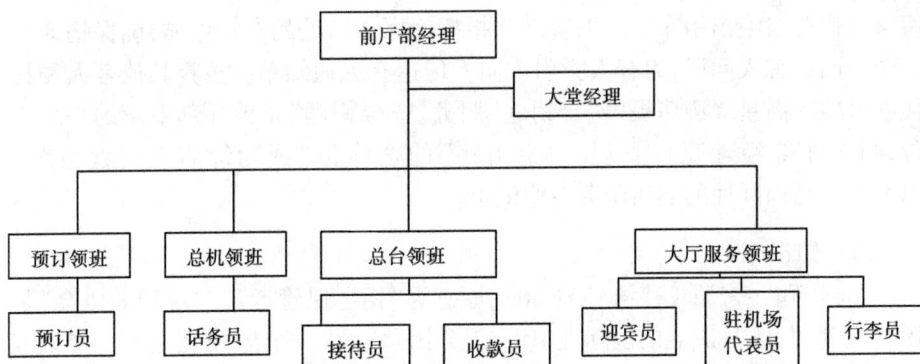

图1.2　中型酒店前厅部的组织机构

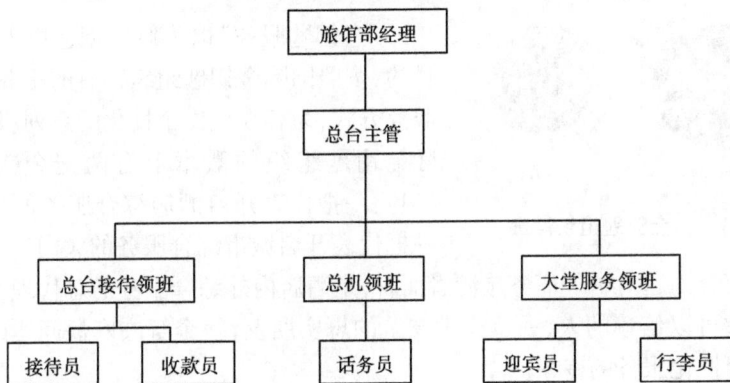

图1.3　小型酒店前厅部的组织机构

动等;接待来访客人;提供留言、会客等应接服务,处理客人邮件、留言及分发。

4) 收银处(Cashier/Check-out)

负责处理客人账务,为客人办理离店结账手续(收回房间钥匙、核实客人信用卡、负责应收账款的转账等)。提供外币兑换服务,为住客提供贵重物品的寄存和保管服务,稽核在住客人的消费信用,与酒店各营业部门的收款员联系,催收、核实账单;营业收入统计,制作营业日报表,夜间审核全酒店的营业收入及账务情况等。

5) 礼宾部(Concierge)

在门厅或机场、车站迎送宾客。负责客人的行李运送、寄存及安全,雨伞的寄存和出租。公共部位找人。陪同散客进房和介绍服务、分送客用报纸、信件和留言。代客召唤出租车。协助管理和指挥门厅入口处的车辆停靠,确保畅通和安全。回答客人问讯,为客人指引方向。传达有关通知单。负责其他客人委托代办事项。高星级酒店提供"金钥匙"服务。"金钥匙"是前厅部下设的一个岗位,归前厅部经理直接管理。"金钥匙"的全称是"国际饭店金钥匙组织"(UICH),是国际性的酒店服务专业组织。

知识库1-1

"金钥匙":来源于法语 Concierge,原意为"钥匙保管者"。"金钥匙协会"是1952年4月25日成立的国际性组织,"金钥匙"的"三个忠诚"信念为"对顾客忠诚,对饭店忠诚,对法律忠诚",中国最早的"金钥匙"服务开始于广州白天鹅宾馆。

(a)　　　　　(b)

图1.4　金钥匙组织徽章

"金钥匙服务"以为饭店创造更大效益为目的,按照国际金钥匙组织特有的服务理念和服务方式,为客人提供个性化的系列服务。国际金钥匙组织的徽章上有两把金钥匙(图1.4):一把代表开启酒店综合服务的大门;另一把代表开启城市综合服务的大门。

酒店金钥匙对中外商务旅游者而言,是酒店内外综合服务的总代理,是一个在旅途中可以信赖的人,一个充满友谊的忠实朋友,一个解决麻烦问题的人,还是一个个性化服务的专家。

酒店金钥匙服务理念:

★ 酒店金钥匙的服务宗旨:在不违反法律和道德的前提下,为客人解决一切困难。

★ 酒店金钥匙为客排忧解难,"尽管不是无所不能,但也是竭尽所能",要有强烈的为客服务意识和奉献精神。

★ 为客人提供满意加惊喜的个性化服务。

★ 酒店金钥匙组织的工作口号是"友谊、协作、服务"(Service Through Friendship)。

★ 饭店金钥匙的人生哲学:在客人的惊喜中找到富有乐趣的人生。

6)电话总机(Telephone Switch Board)

主要职责是接转电话。为客人提供请勿打扰电话服务和叫醒服务。回答电话问讯,接受电话投诉、电话找人、电话留言。办理长途电话事项。传播或消除紧急通知或说明。

7) 商务中心 (Business Center)

为客人提供打字、翻译、复印、长话、传真以及国际互联网 (Internet) 等商务服务,还可以根据需要为客人提供秘书服务。

8) 客务关系部 (Guest Relations Department) 与大堂副理 (Assistant Manager)

现在,不少高档酒店在前厅设有客务关系部,其主要职责是代表总经理负责前厅服务协调、贵宾接待、投诉处理等服务工作。在不设客务关系部的酒店,这些职责由大堂副理负责,大堂副理还负责大堂环境、大堂秩序的维护等事项。

★介绍酒店服务 (**Introducing Hotel Services**)

【任务】

★John Davis came to The Ritz-Carlton Shanghai!

约翰·戴维斯来到上海丽思卡尔顿酒店。

★Chris showed her to the reception.

礼宾员克莉丝接待了他。

★Chris introduced the facilities and services in the hotel.

克莉丝介绍了酒店的服务与设施。

【情景对话】

C：Chris, a Concierge

克莉丝:礼宾员

J：John, a guest

约翰·客人

C：Good morning,sir.

早上好,先生。

J：Good morning.

早上好。

C：Welcome to The Ritz-Carlton Shanghai!

欢迎来到上海丽思卡尔顿酒店!

J：Could you tell us something about your hotel?

你能向我介绍下酒店吗?

C：Certainly. Our hotel is a first-rate hotel and chosen as the favorite places to stay by VIPs, official guests and businessmen from many countries. There are over

300 rooms of international standard, all spacious and airy. There is a Chinese restaurant, a Western restaurant, a banquet hall, a bar, and a 24-cafe.

当然,我们酒店是国际一流酒店,主要客人是来自各国的 VIP 客人和商务人士。我们有超过 300 间符合国际标准的宽敞明亮的客房,还有中餐厅、西餐厅、宴会厅、酒吧和 24 小时营业的咖啡厅。

J: How about other services?

还有其他服务吗?

C: We have a barber shop, a laundry, a store, post and telegram services, a newspaper stand, table tennis, video games and so on.

我们有理发室、洗衣房、小卖部、邮电服务、报刊供应柜、乒乓球和电子游戏等。

J: Oh, great. Thank you very much.

哦,好的,非常感谢你。

C: It's a pleasure.

不客气。

★人员招聘(**Staff Recruitment**)

【任务】

★Lucy have applied to work in the Front Office of the hotel.

露西希望到酒店前厅部工作。

★In the Human Resources Department Office, Lucy is being interviewed by the personnel manager Mr. Bellow.

酒店人力资源部经理贝娄先生面试了她。

【情景对话】

B: Bellow, a personnel manager

贝娄:人力资源部经理

L: Lucy, an applicant

露西:应聘者

B: Good morning.

早上好。

L: Good morning.

早上好。

B: Sit down, please.

请坐。

L：Thank you.

谢谢。

B：As I know, you have applied to work in the Front Office of our hotel. Would you please introduce yourself?

据我所知,你想到我们酒店前厅部工作,请你介绍一下你自己。

L：I used to work as the Front Office manager of Shanghai Westin. Then I got a job in Xiamen Westin, I am now working in the Business Center as a manager.

我之前在上海威斯汀酒店前厅担任经理一职,现在是厦门威斯汀酒店商务中心经理。

B：How long have you worked there?

你在那儿工作多久了?

L：Two years.

两年。

B：May I ask the reason why you want to leave?

我想问一下你离开的原因是什么?

L：Well, I'd like to work in your hotel because yours is much better than the Westin. And secondly, I'm tired of the work of the Business Center, I think I can find something new in your hotel.

嗯,我想来贵酒店工作,因为贵酒店比威斯汀酒店好很多,第二就是我比较烦商务中心的工作,我想我能在贵酒店尝试一些新鲜的事情。

B：Could you tell me something about the Front Office?

你能否告诉我你对前厅部工作的理解?

L：The Front Office of a hotel is not only its "shop window" but also its "nerve center". The efficiency and quality of front office service represents the overall hotel service standard. The Front Office staff seem to "do it all", such as room reservation, registering, enquiring, telephoning, ticketing, luggage and checking-out. In order to fulfill these tasks, we must have a neat and smart appearance, good manners, adaptability, efficiency, the sense of duty and a knowledge of languages.

酒店前厅部不仅是酒店的"橱窗",而且也是酒店的"神经中枢",前台的服务效率及质量,代表着酒店的整体水平。看起来前厅部员工"什么都做",比如为客人提供订房、登记、问讯、电话、订票、行李以及退房等一系列服务。为了完成这些工作,我们必须有良好的仪容仪表,机智灵活,彬彬有礼,有较强的应变能力,工作效率高,有责任感,具备较高的语言表达能力。

B：If I accept you, when can you begin to work here?

如果我聘用你，你什么时候能够开始工作？

L：I think next week.

我想下周就可以。

B：Fine, please fill in this form.

好，请填一下表格。

L：Certainly.

好的。

知识库 1-2

前厅部对客服务流程

前厅部在服务过程中，各个环节其实是环环相扣的，主要包括客房预订、入住接待、问询、前台收银、礼宾行李服务、商务中心以及电话总机话务等各部门之间的沟通，如图 1.5 所示。

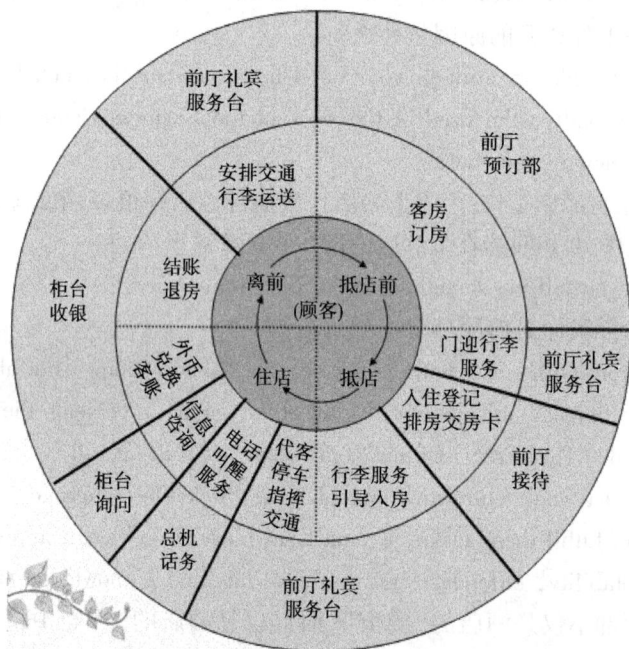

图 1.5 前厅客服循环图

前厅部是一个综合服务部门，服务项目多，服务时间长。酒店的任何一位客人，从抵店前的预订到入住，直至结账离店，都要求前厅部提供服务。前厅部成了酒店与客人联系的纽带(图1.6)。

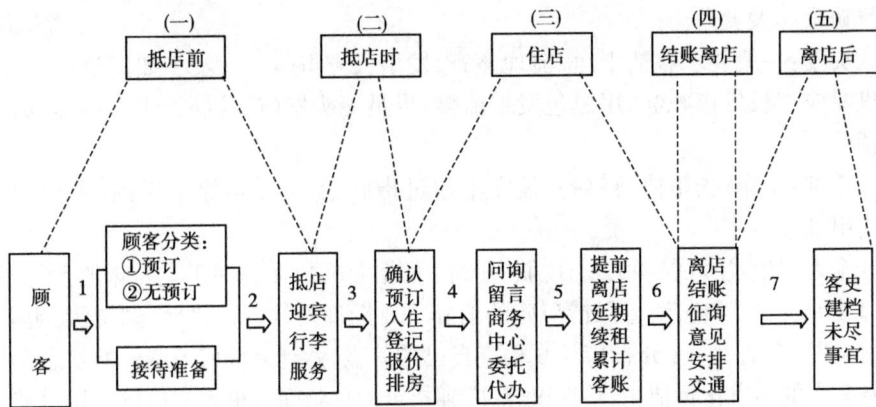

图1.6 前厅服务流程图

第3单元 前厅部员工仪容仪表与礼貌礼节

Unit 3 Appearance and Courtesy of the Front Office staff

1.3.1 仪容仪表

良好的仪容仪表,会给客人留下深刻的印象和美好的回忆。良好的仪容仪表,反映了一个民族的道德水准、文化程度、文化修养、精神面貌和生活水平,而且也通过个人表现展现出自尊自爱。而饭店服务人员的仪容仪表在一定程度上反映出饭店企业的服务水平,同时也是尊重客人、讲究礼节礼貌的一种具体表现。

仪容仪表主要指人的容貌,着重修饰方面,是对服务人员身体和容貌的要求。服务人员应身材匀称、面善目秀、仪表堂堂、身体健康。仪表主要指一个人的精神体现,主要包括人的容貌、服饰、个人卫生等,着重在精神和着装方面。前厅服务人员应着装整洁、大方、美观,表情自然、面带微笑、和蔼可亲、举止端庄稳重、落落大方,给人亲切而可信赖的印象。对服务人员仪容仪表的具体要求如下:

1)仪容要求

面部:面部应保持清洁、健康的状态,眼睛无分泌物,鼻毛不外露。女员工应化淡妆(不可选用颜色夸张的口红和眼影),女员工用餐后需及时补妆。男员工不留胡须和大鬓角。

头发:一般要求整洁干净,梳理整齐,发型大方得体。女员工如留过肩长发,上班时应将长发束扎起,用黑色发带梳髻;男员工头发前不过眉,侧不过耳,后不过领。

手部:干净,指甲修剪整齐,长度不超过指肚,女员工可涂护甲油,不得涂有色指甲油。

个人卫生:注意保持头发、皮肤、牙齿、手指的清洁;工作时不吃异味的食物,不吃口香糖,不吃零食,注意保持口腔的清新。要勤理发、洗头、修面;勤洗澡、更衣;勤剪指甲,勤洗手。上班前应认真检查自己的外表,做到无任何疏漏。但切忌不可在有客人的地方化妆梳头,整理仪容,应到指定的化妆间或更衣室进行。切忌使用浓郁刺鼻的香水。

2) 仪表要求

服饰:工作服是岗位和职责的标志,要求保持干净、整洁、无污渍、无破损、无开线、不掉扣、无皱褶。衬衣必须扎在裤内、裙内;制服的纽扣要扣好,拉链要拉紧。领带、领结、领花应按规定系好并佩戴整齐,不可挽起袖口或裤脚。着西装的员工,文具不可插在外面的口袋内,口袋内不可装过多的东西。

图1.7　工号牌佩戴位置示意图

配饰:一是指工号牌,二是指首饰。工号牌要求统一印刷,上班时必须工整地佩戴在制服的左上方(图1.7)。如果工号牌不慎弄坏或者丢失,应及时到人力资源部申领新工号牌。除工号牌、服务徽章及酒店配发的饰物外,在制服上不得佩戴其他任何饰物。不可佩戴样式及色彩夸张的手表。女员工不可佩戴坠式耳环(耳钉)。可以佩戴一枚式样保守的订婚或结婚戒指,项链不能露在制服外面。

鞋袜:鞋一般穿黑色的皮鞋或者布鞋。皮鞋要经常保持光亮,不得钉铁鞋掌,布鞋要求保持干净,无破损;袜子应保持每天清洗,男员工应该穿黑色无破损的袜子,女员工应穿酒店规定颜色、无破损的长筒袜或短袜。

1.3.2　礼貌礼节

礼貌礼节以人的德才学识为基础,是人们内在美的自然流露,前厅服务人员应有的礼貌礼节具体如下:

1) 言谈举止

语言是人们表达意愿、交流思想感情的交际工具,优美、文雅的语言是提高服务质量的一项重要内容。因此,在对客服务时应该做到用语规范、声调柔和、语言亲切、表达得体、文明优雅、站立时挺拔自然、不倚不靠、行走轻快、不奔跑、手势正确、动作优美、自然,符合规范。

2) 服务态度

在对客服务时,应做到一视同仁,不卑不亢。待人热情,分寸适度,精力旺盛,容貌端庄,着装整洁,热情大方,面带微笑,自然诚恳,给人可以信赖的感觉。热情友好的服务态度和优良的工作作风,反映出前厅服务人员对企业和工作的热爱及对客人的尊重,同时也反映了饭店高品位的服务水准和旺盛的企业精神。

3) 良好的性格

性格是个人对现实稳定的热爱度和习惯化的行为方式。良好的性格是服务人员能够满腔热情地为客人服务的重要心理条件,良好性格的基础是乐观自信。前厅服务人员应具有乐观自信、开朗外向的性格,因为他们处于饭店接待客人的第一线,每天需要和各种各样的客人打交道,为客人提供面对面的服务。性格外向的人感情外露,热情开朗,笑口常开,善于交际且具有很强的亲和力,有助于形成热情好客的良好气氛。作为一名前厅服务人员,除了优良化的性格以外,更重要的是有耐心、容忍度和团队合作精神,善于自我调节情绪,能始终如一地保持温和、礼貌、友善的态度,又具有幽默感,善于打破尴尬的局面,在对客服务中不断提高自己的应变能力。

4) 优秀的品质

前厅服务人员应具有良好的品德,为人正直、诚实,有较强的责任心。前厅部的工作涉及价格、外币兑换、营业机密以及客人隐私和商业秘密等,前厅服务人员每天要与国内外各种客人打交道,所以要求前厅服务人员为人作风正派,诚实可靠,品行端正,不牟私利。

前厅部要向客人提供大量项目繁多的服务工作,任何一个岗位出现差错,都会影响酒店的服务质量、声誉以及客人对酒店的整体评价,因此,前台服务人员必须具有强烈的服务意识,高度的事业心和责任感。

★迎新培训(**Staff Orientation**)

【任务】

★Lucy will be a staff of the Front Office in the hotel.

露西将成为一名酒店前厅部的新员工。

★The training manager Mr. Smith talks to her.

酒店培训经理史密斯先生培训了她。

【情景对话】

S：Smith, a training manager

史密斯:培训经理

L：Lucy, a new employee

露西:新员工

S：Good morning. Welcome to our hotel, It's your first day of work at our hotel, isn't it?

早上好。欢迎来到酒店,今天是你第一天到酒店工作,对吗?

L：Yes.

是的。

S：According to regulations of our hotel, every new employee is required to attend an orientation meeting on the first day.

根据我们酒店的规定,每一个新员工第一天都要参加新员工培训。

L：What can I expect to know?

我需要了解什么呢?

S：Hotel rules and regulations as well as hotel's history and plans.

酒店规章制度和酒店的历史与未来战略规划。

L：Oh, but how can I remember so many things within one day?

但是我一天之内怎么能记住这么多东西呢?

S：Don't worry. We'll give you a detailed description after that. You can find them in the handbook for hotel staff.

不要担心,我会给你详细讲述这些内容,同时会发给你酒店员工手册,那上面都有。

L：Are there any other details that I should know?

还有什么其他细节是我需要掌握的?

S：Well, yes. I think one of the important things is the appearance of the staff. From now on, you are a representative of our hotel, personal cleanliness and proper grooming are essential, You should always keep clean and tidy, and pay attention to your hair , uniform and shoes.

是的,我认为酒店员工最重要的是外表,从现在起,你就代表酒店的形象,个人卫生整洁及适当的修饰是最基本的,你要保持清洁整齐,特别是你的头发、制服和鞋子。

L：I see.

我明白了。

S：You should remember you are part of a work team. When you come to work , don't bring your personal problems to the work place.

你必须记住你是团队的一部分,当你来工作的时候,不要把私人问题带到工作中来。

L：Thank you for all the information.

谢谢您的信息。

S：You're welcome.

不客气。

本章主要概念

1.前厅部(Front Office/F. O.)

2.组织机构(Organization Chart)

3.总台(General Service Desk)

同步测试

1.假设你是迎宾员,选择 1 名同学搭档扮演客人,请模拟客人进入酒店的问询,并进行记录。

2.完成对话。

GM = general manager　S = staff

GM：Let's start the meeting. This morning I would like to call your attention to your appearance, courtesy and personal hygiene.

S：Yes.

GM：You should always _____.

S：I see.

GM：You should remember _____. When you come to work, _____.

S：OK.

GM：Good. That's all for today. See you.

本章综合实训

实训目标:通过角色扮演编排对话,完成一次人力资源部经理对前厅部员工的招聘。

实训资料:假设你是喜来登酒店的人力资源部经理麦克(Mike),一位酒店管理专业的大学毕业生马丁(Martin)来酒店应聘前厅工作人员。你要向他介绍酒店、酒店前厅部的工作内容、工作规范、薪酬福利、酒店的历史和规章制度等。请就以上内容进行小组讨论,编制一段情景对话,并进行表演示范。

实训要求:对话编排应体现喜来登酒店前厅部工作的服务流程,酒店前台的地位、功能及重要性,对话逻辑结构清晰。

实训指导:该案例中的对话方式为人力资源部经理招聘,对话中应该涉及大学毕业生马丁对酒店前厅部的看法与认识,对前厅部工作内容的了解,对薪酬福利的要求等,在编制对话过程中应根据上述内容完善对话。

学习评价

▲职业核心能力测评表

(在□中打√,A:通过,B:基本通过,C:未通过)

职业核心能力	评估标准	自测结果		
自我学习	1.能进行时间管理	□A	□B	□C
	2.能选择适合自己的学习和工作方式	□A	□B	□C
	3.能随时修订计划并进行意外处理	□A	□B	□C
	4.能将已经学到的东西用于新的工作任务	□A	□B	□C

续表

职业核心能力	评估标准	自测结果
信息处理	1. 能根据不同需要去搜寻、获取并选择信息 2. 能筛选信息,并进行信息分类	☐A ☐B ☐C ☐A ☐B ☐C
与人交流	1. 能把握交流的主题、时机和方式 2. 能理解对方谈话的内容,准确表达自己的观点 3. 能获取并反馈信息	☐A ☐B ☐C ☐A ☐B ☐C ☐A ☐B ☐C
与人合作	1. 能挖掘合作资源,明确自己在合作中能够起到的作用 2. 能同合作者进行有效沟通,理解个性差异及文化差异	☐A ☐B ☐C ☐A ☐B ☐C
解决问题	1. 能说明何时出现问题并指出其主要特征 2. 能作出解决问题的计划并组织实施计划 3. 能对解决问题的方法适时作出总结和修改	☐A ☐B ☐C ☐A ☐B ☐C ☐A ☐B ☐C

学生签字: 教师签字: 20 年 月 日

▲专业能力测评表

（在☐中打√,A:掌握,B:基本掌握,C:未掌握）

业务能力	评价指标	自测结果	备 注
前厅部知识	1. 准确掌握前厅部基础知识 2. 使用前厅部常用英语	☐A ☐B ☐C ☐A ☐B ☐C	
对话编排	1. 内容符合前厅部基础服务 2. 内容完整充实 3. 对话流畅,用词准确 4. 语音、语调、语速	☐A ☐B ☐C ☐A ☐B ☐C ☐A ☐B ☐C ☐A ☐B ☐C	
综合评价	1. 服装、道具准备情况 2. 身体语言 3. 自信、情绪饱满	☐A ☐B ☐C ☐A ☐B ☐C ☐A ☐B ☐C	

续表

业务能力	评价指标	自测结果	备 注
其他			
教师评语:			
成 绩		教师签字	

第2章　预订部

Chapter 2　Room Reservation

【职业能力目标】

专业能力

★ 按照岗位工作流程完成各种类型的预订服务工作。

Handle all kinds of reservations in accordance with the reservationists' working procedures.

★ 预订中注意使用礼貌用语。

Pay more attention to using polite language.

职业核心能力

★ 具备与客人进行口头交流的能力。

Possess the ability of oral communication with guests.

★ 具备为旅行社、公司等进行准确书面预订服务的能力。

Possess the ability of making correct written reservation for travel agencies and other companies.

★ 具备酒店预订信息处理的能力。

Possess the ability of handling the hotel's reservation information.

★ 具备与酒店其他部门沟通的能力。

Possess the ability of communication with other departments of the hotel.

预订(Reservation),是指客人抵达酒店前对酒店客房的预先订约。预订得到酒店的确认后,酒店和客人之间便确立了一种合同关系。据此,酒店有义务以预先确定的价格为客人提供其希望使用且已得到酒店确认的客房。

Reservation is placing an order before the guest arrives in the hotel. There will be a contract relationship between the hotel and the guest once the reservation is confirmed. So the hotel has to provide the guest with the room in the price which was confirmed in advance.

　　预订是酒店一项重要的业务,酒店一般都在其前厅部(或销售部)设有预订部,专门受理预订业务。对于客人来说,通过预订可以保证其住房需要,尤其是在酒店供不应求的旅游旺季,预订具有更为重要的意义。而对于酒店来说,预订便于其提前做好接待的一切准备工作,如人员的安排、设施设备的更新改造、低值易耗品及酒店食品、饮料的采购,等等。此外,通过预订,还可以使酒店提前占领客源市场,提高客房利用率。同时,预订也是推销酒店客房的好机会,这就要求预订员不仅要被动地接受预订,也要学会主动推销酒店产品。

Reservation is a very important business in the hotel, so there is a reservation department in the Front Office or the Sales Department of the hotel to handle the reservation business. On the one hand, it is very important for guests because reservation ensures that guests can get the rooms they need during the high season. On the other hand, it is convenient for the hotel to get ready for serving guests in advance, such as arrangement of the staff, renewal and update of equipments, purchase of food, drink and so on. In addition, hotel can capture the market in advance and increase room availability with reservation. At the same time, reservation is a good chance for the hotel to promote its rooms, therefore, reservationists have to not only accept reservations passively, but also sell the hotel's products actively.

　　【本章的知识体系】

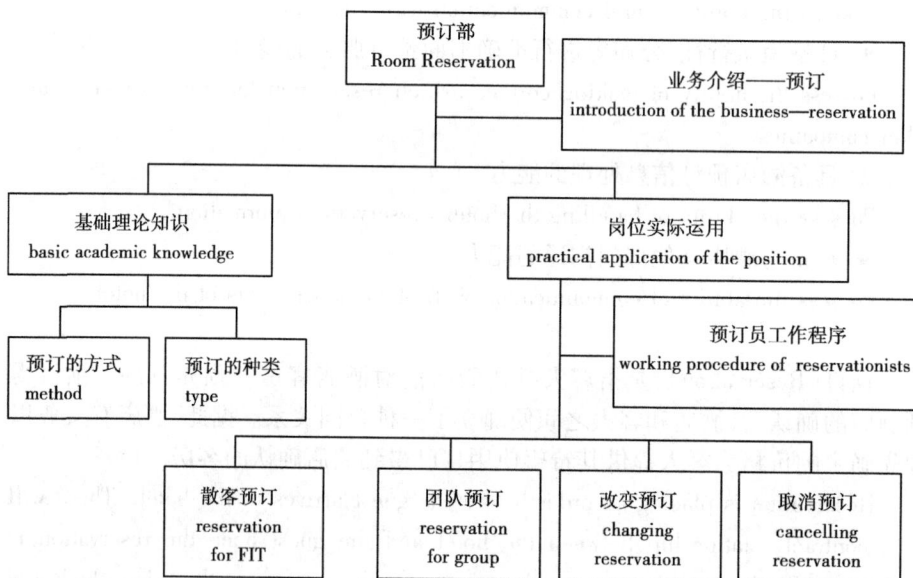

🕊 部门词汇荟萃

reservation　预订　*n.*

reserve　预订　*v.*

Room Reservation　客房预订处

book　预订　*v.*

confirm　确认　*v.*

double room　双人房　*n.*

single room　单人间　*n.*

twin room　标准间　*n.*

suites　套房　*n.*

deluxe suite　豪华套房　*n.*

presidential suite　总统套房　*n.*

room change　房价　*n.*

special rate　优惠价　*n.*

service change　服务费　*n.*

discount　折扣　*n.*

credit card　信用卡　*n.*

cash　现金　*n.*

prefer　（比较起来）喜欢……（而不喜欢……）　*v.*

availability　可利用,可得到　*n.*

available　可得到的,可利用的　*adj.*

suburb　郊区　*n.*

downtown　商业区,市中心 *n.* 商业区的　*adj.*

client　顾客,客户　*n.*

off-season　淡季　*n.*

peak-season　旺季　*n.*

🕊 部门短语荟萃

look forward to　期待,盼望

the booking system　预订系统

front view　正面,阳面

in advance　事先

in that case　那样的话,既然那样

be full up   满了,住满了

face-to-face   面对面,现场

rear view   背面,阴面

a couple of days   几天

部门句型荟萃

1. What date would that be? /Which date?

请问订在什么时候?

2. When would you like to come?

您何时来住?

3. For how many nights?

您准备住几个晚上?

4. How long will you be staying?

请问您住多久?

5. A double room or a standard room?

双人间还是标准间?

6. May I have/know/get your name and your telephone number?

能留下您的姓名和电话吗?

7. I'm sorry, madam. But we have no vacancy today.

对不起,女士。今天我们没有空房了。

8. I'm afraid we're fully booked up at the moment.

很抱歉,我们现在没有空房。

9. Unfortunately, all rooms are taken.

很遗憾,所有的房间都被预订了。

10. I'm sorry, sir. I can't book you a room for 15th of June. Is it possible for you to change your reservation date?

对不起,先生。我不能为您订6月15日的客房。您可以改日期吗?

11. Sorry, we don't have a single room available. Would you mind a standard room?

对不起,我们没有单人间了。标准间可以吗?

12. The standard room costs 790 Yuan per night.

标准间每晚790元。

13. RMB 659 Yuan per night including breakfast.

每晚人民币659元,含早餐。

14. The price for a minimum of 5 rooms is 15% off.

如果起订 5 间房,房价可享受 15% 的优惠。

15. There is a 20% deduction for a group reservation.

团队预订打 8 折。

16. The total cost would be RMB 1,800 Yuan.

一共消费人民币 1 800 元。

17. You're welcome.

不客气。

18. Not at all.

这没什么。

19. It's my pleasure. /My pleasure.

这是我的荣幸。

20. That's all right.

这没什么。

21. I'm glad you enjoyed it.

我很高兴令您满意。

第1单元 预订的方式与种类

Unit 1　Method and Type of Reservation

2.1.1 预订的方式

1) 电话预订(Telephone)

电话订房较为普遍,它的特点是速度快、方便,而且便于客人与酒店之间的沟通,以便客人能够根据酒店客房的实际情况,及时调整其预订要求,订到满意的客房。但由于语言障碍、电话清晰度等的影响,电话订房容易出错,因此,预订员必须认真记录客人的预订要求,并在记录完毕后向对方重复,得到客人的确认。

在接受电话预订时,要注意不能让对方久等。因此,预订员必须熟悉本月、本季可提供的客房情况,如因某种原因不能马上答复客人,则请客人留下电话和姓名,待查清预订情况后,再立刻通知客人是否可以接受预订。

2) 传真预订 (Fax)

传真订房是一种较为先进的订房方式,其特点是方便、快捷、准确、正规,它可以将客人的预订资料完整地保存下来,不易引发订房纠纷,是旅行社常用的订房方式。

知识库 2-1

旅行社订房传真图表

××国际旅行社

INTERNATIONAL TRAVEL SERVICE

酒店 (Hotel) : _____

兹预订 (Room Reservation Request) : _____

团队名称 (Name of the Party) : _____

人数 (Number of People) : _____

房间类型 (Room Type) : _____

数目 (Number) : _____

到达日期 (Arrival) : _____

离店日期 (Departure) : _____

入住天数 (Nights) : _____

备注 (Remarks) : _____

_____

确认人 (Confirmed by) : _____

日期 (Date) : _____

3) 互联网预订 (Internet)

通过"Internet"进行预订是目前国际上最先进的订房方式。随着计算机的推广使用,越来越多的散客开始采用这种方便、快捷、先进而又廉价的方式进行预订。

网络预订步骤如下:

步骤 1:

打开酒店预订网站,输入目的地名称及入住时间便开始相应酒店的查询预订(图 2.1)。

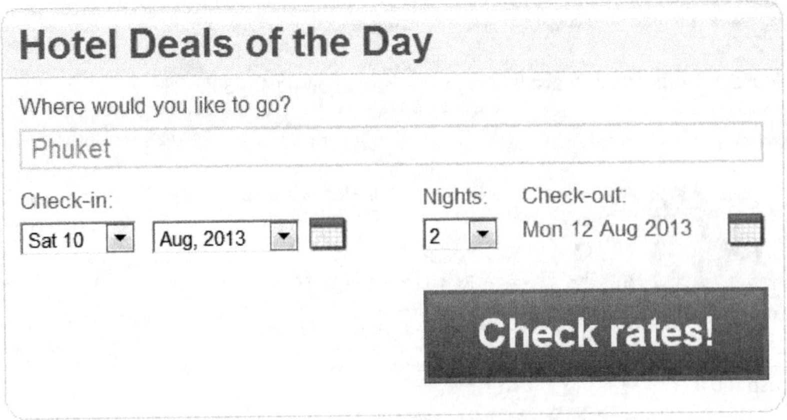

Hotel Deals of the Day

Where would you like to go?

| Phuket |

Check-in:

| Sat 10 | ▼ | | Aug, 2013 | ▼ | | 📅 |

Nights: Check-out:

| 2 | ▼ | Mon 12 Aug 2013 | 📅 |

Check rates!

(a)

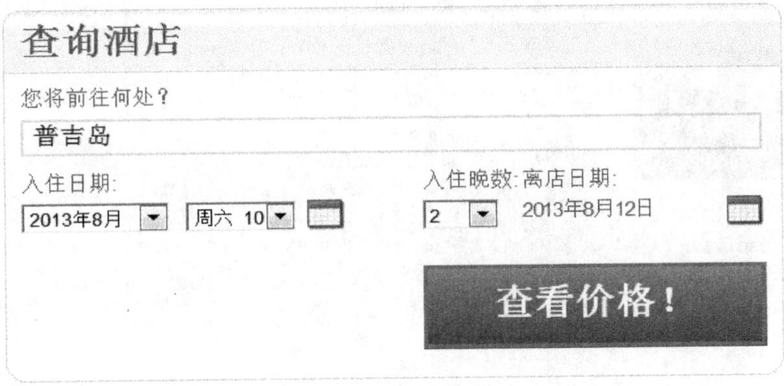

查询酒店

您将前往何处？

| 普吉岛 |

入住日期：

| 2013年8月 | ▼ | | 周六 10 | ▼ | | 📅 |

入住晚数：离店日期：

| 2 | ▼ | 2013年8月12日 | 📅 |

查看价格！

(b)

图 2.1 查询酒店

步骤 2：

点击 check rates（查看价格）后左半边界面会出现目的地各家酒店的相关信息（图 2.2），右半边界面会出现预订者目的地和入住日期的确认栏目（图 2.3）。

同时在右半边界面会呈现更多高级搜索选项，方便预订者在较短时间内搜索到适合自己需求的酒店，如图 2.4 所示。

步骤 3：

根据酒店基本信息及以往客人的评价信息综合考虑后，便可点击选中酒店的名称，进入该酒店进行相应房间的预订操作（图 2.5）。

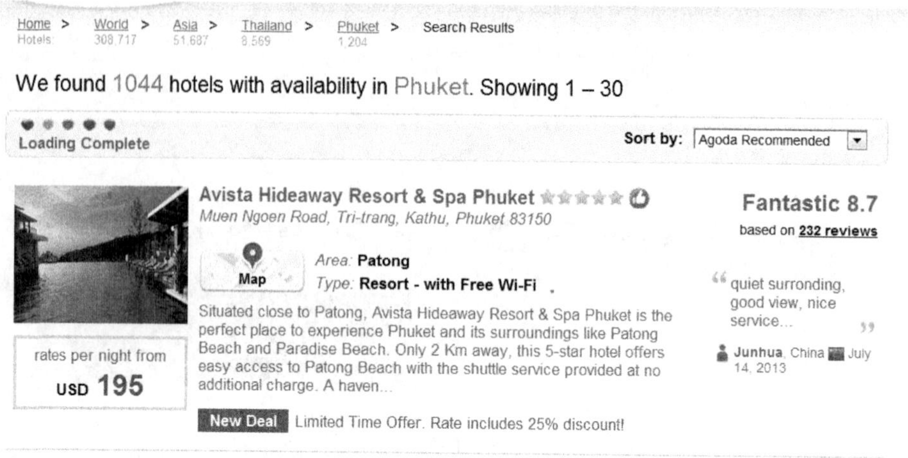

Home > World > Asia > Thailand > Phuket > Search Results
Hotels 308,717 51,687 8,569 1,204

We found 1044 hotels with availability in Phuket. Showing 1 – 30

Loading Complete   Sort by: Agoda Recommended ▼

Avista Hideaway Resort & Spa Phuket ☆☆☆☆☆ 🖐   **Fantastic 8.7**
Muen Ngoen Road, Tri-trang, Kathu, Phuket 83150   based on **232 reviews**

📍 **Map**   Area: **Patong**   "quiet surrounding,
             Type: **Resort - with Free Wi-Fi**   good view, nice
                                                         service..."
Situated close to Patong, Avista Hideaway Resort & Spa Phuket is the
perfect place to experience Phuket and its surroundings like Patong   👤 **Junhua**, China 🇨🇳 July
Beach and Paradise Beach. Only 2 Km away, this 5-star hotel offers   14, 2013
easy access to Patong Beach with the shuttle service provided at no
additional charge. A haven...

rates per night from
USD 195

New Deal Limited Time Offer. Rate includes 25% discount!

(a)

普吉岛艾华迪世外桃源度假村及水疗中心 (Avista   **优秀 8.7**
Hideaway Resort & Spa Phuket) ☆☆☆☆☆ 🖐   来自**232条点评**
Muen Ngoen Road, Tri-trang, Kathu, 普吉岛 83150

📍 **电子地图**   地区: **巴东海滩**   "精致简洁的房间、优
               类型: **度假村 - 有免费Wifi**   美的环境。"

如果您想寻找一家交通便捷的普吉岛酒店, 那没有比普吉岛艾华迪世
外桃源度假村及水疗中心更合适的选择了。 因为离市中心仅1 Km的路   👤 **Bin**, China 🇨🇳 2013年7
程, 离机场也仅有35. Km的路程, 这家5星级酒店每年都会接待大量的   月11日
旅客。 酒店优越的位置让游人前往市区内的热门景点变得方便快捷。

每晚起价
USD 156

在普吉岛艾华迪世外桃源度假村及水疗中心, 一切都是为了营造宾至如
归的氛围。 为此, 普吉岛艾华迪世外桃源度假村及水疗中心提供最优
质的服务和最优良的设施。 酒店拥有一系列特色服务, 例如: 池畔吧,
会议设施, 接送服务, 吸烟房, 酒吧/酒馆。

(b)

图 2.2　酒店相关信息

US Dollar (USD) ▼   美元 (USD) ▼

📄 **Your Search Details**   📄 **您的搜索详情**

📍 Phuket   📍 普吉岛
📅 2 nights (10 Aug—12 Aug)   📅 2晚(8月20—8月22)

Change search   **更改搜索选项**

✅   price guarantee ❓   ✅   价格保证 ❓

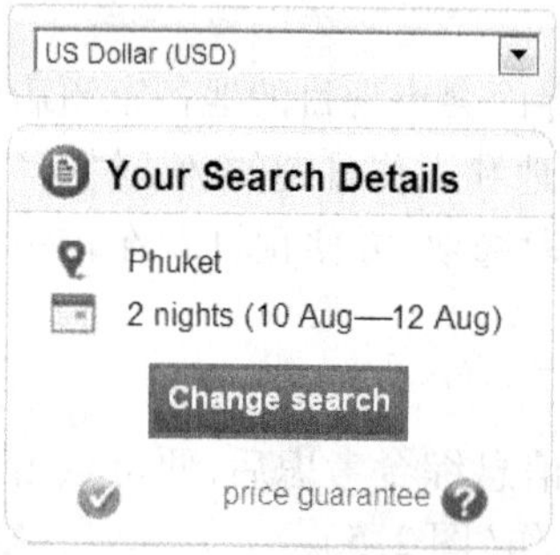

(a)    (b)

图 2.3　信息确认栏目

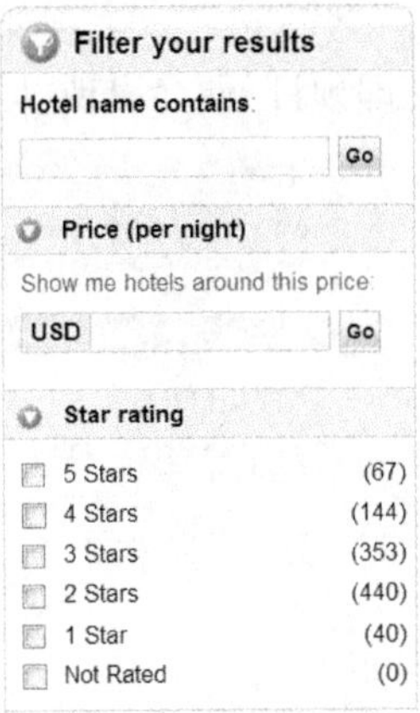

(a)

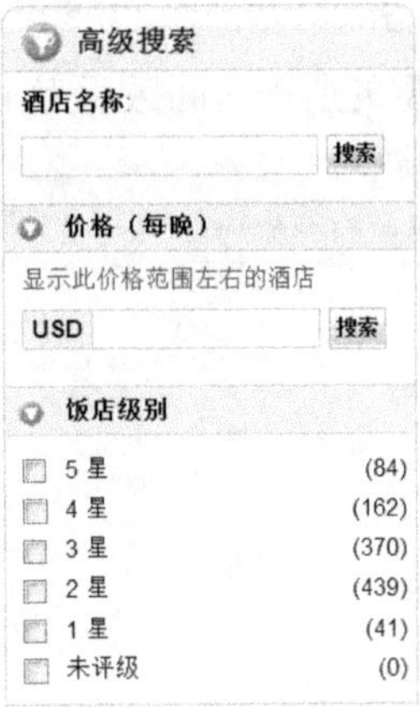

(b)

图 2.4　高级搜索选项

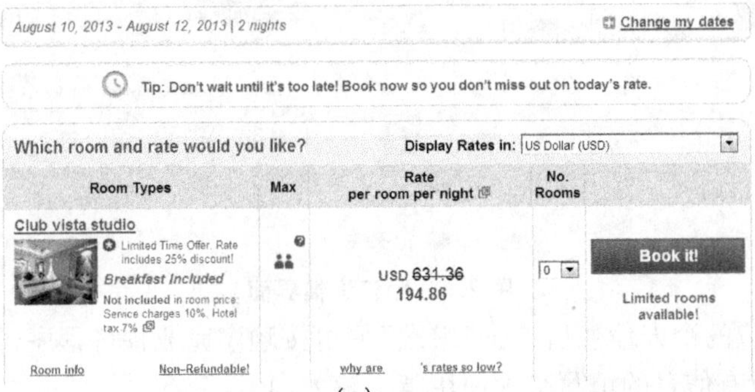

(a)

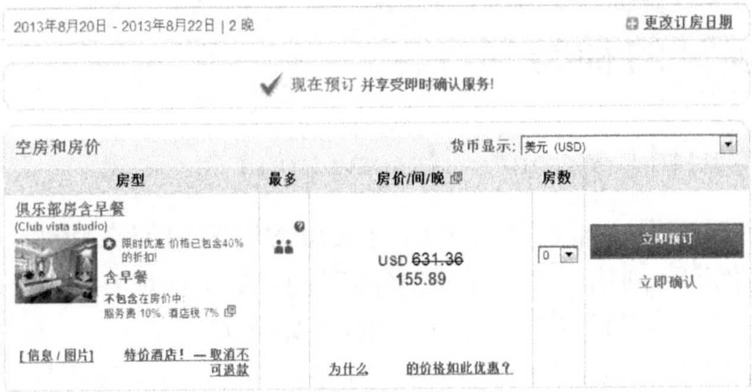

(b)

图 2.5　酒店预订界面

步骤4：

输入所选房型的所需房间数后点击"立即预订"便会出现以下界面(图2.6)。

图2.6　预订详情界面

填入相应的个人信息后点击"继续"便可按顺序完成预订程序(图2.7)。
(注意所有信息的填写必须使用英文输入。)

2.1.2　预订的种类

1)临时预订(Advance Reservation)

临时预订是客人在即将抵达酒店前很短的时间内或在到达的当天联系订房。在这种情况下,酒店一般没有足够的时间(或没有必要)给客人寄确认函,同时也无法要求客人预付订金,所以,只能口头确认。

当天的临时性订房通常由总台接待处受理,这是因为接待处比其他部门更了解酒店当天客房的出租情况。

临时性预订的客人如在当天的"取消订房时限"——晚上6点还未到达酒店,该预订即被取消。

☑ Send me Agoda's latest offers – special discounts, last minute promotions, free nights, free upgrades!

Phone Number

Country of Passport

Please select one

☐ I am not staying at the hotel. I am making this booking for someone else.

Room Information

- Club Vista Studio
- Limited Time Offer. Rate includes 25% discount!
- Breakfast Included
- 2 Nights, 1 Room, Max 2 Adult(s) - extra beds not included

➕ Special Requests (Optional)

Continue

☑ 订阅Agoda促销邮件—节省更多！最新促销优惠、最后一分钟特别优惠、免费住宿、免费升级客房！

电话号码

护照国籍

请选择

☐ 为他人预订酒店，非本人亲自入住

客房信息

- 俱乐部房含早餐 (Club Vista Studio)
- 限时优惠 价格已包含40%的折扣!
- 含早餐
- 2晚, 1间客房, 最多可入住2名大人 - 不包括加床

➕ 特殊要求（可多选）。请务必输入英文。

继续

图2.7 个人信息填写界面

2) 确认类预订(Confirmed Reservation)

确认类预订通常是指以书面形式确认过的预订。对于持有确认函来酒店登记住宿的客人,可以给予较高的信用,因为这些客人的地址已被验证,向他们收取欠款的风险比较小。

对于确认类预订,酒店依然可以事先声明为客人保留客房至某一具体时间,过了规定时间,客人如未抵达,也未与酒店联系,则酒店有权将客房出租给其他客人。

3) 保证类预订(Guaranteed Reservation)

保证类预订是指客人保证前来住宿,否则将承担经济责任,因而是酒店在任何情况下都应保证落实的预订。目前客人通过使用信用卡缴纳预付款而获得酒店的订房保证。假如客人预订的住房时间在 1 天以上,并且预付了 1 天以上的房租,但届时未取消预订又不来入住,那么,酒店就可以通过发卡公司收取客人 1 夜的房租,把余款退还给客人,同时,取消后几天的订房,以弥补酒店的损失。

以下为某酒店预订网的预订取消与修改政策。

①如果在入住日前 7 天内提交预订取消申请,将被收取 1 晚的房费作为取消费。不能在预订日期入住酒店将被视为 No-Show(客人未按照预订日期入住),需要支付 1 晚的房费作为取消费。(酒店政策)

②根据你所选择的房型,在取消预订时可能会被收取 15 美金/每笔订单的取消手续费。

③改动入住时间,将有可能导致需要引用取消政策,并会收取相关费用。这些费用均为酒店设立。

④客人未按照预订的日期入住酒店(No-Show)将被视为取消订单,同时必须支付相关的费用。

⑤入住后提出缩短入住时间的申请将有可能根据酒店政策被收取适当的费用。

知识库 2-2

国际酒店的收费方式

1. 欧洲式(European Plan,简称"EP")

只包括房费,而不包含任何餐费的收费方式,为世界上大多数酒店采用。

2. 美国式(American Plan,简称"AP")

不但包括房费,而且还包括一日三餐的费用,因此,又被称为"全费用计价方式",多为远离城市的度假性酒店或团队客人所采用。

3. 修正美式(Modified American Plan,简称"MAP")

包括房费和早餐,除此而外,还包括一顿午餐或晚餐(二者任选一个)的费用。这种收费方式较适合于普通旅游客人。

4. 欧洲大陆式(Continental Plan,简称"CP")

包括房费及欧陆式早餐(continental breakfast)。欧陆式早餐的主要内容包括冷冻果汁(orange juice, grape juice, pineapple juice...)、烤面包(served with butter & jam)、咖啡或茶。

5. 百慕大式(Bermuda Plan,简称"BP")

包括房费及美式早餐(American breakfast)。美式早餐除了包含有欧陆式早餐的内容以外,通常还包括鸡蛋(fried, scrambled up, poached, boiled)和火腿(ham)或香肠(sausage)或咸肉(bacon)等肉类。

第 2 单元 预订服务

Unit 2 Making Room Reservation

2.2.1 酒店预订员工作程序(图2.8)

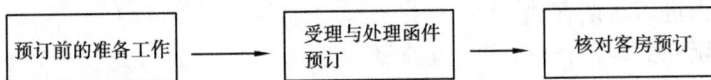

预订前的准备工作 ⟶ 受理与处理函件预订 ⟶ 核对客房预订

图2.8 酒店预订员工作流程图

1) 预订前的准备工作

①检查预订报表和各种统计表,掌握已经订出的客房情况及订房数量。

②检查电脑,明确当日住店和即将离店的客人状况,掌握哪些客房从哪天开始可以预订,防止订房与住店客人用房发生冲突。

③查阅交班记录,了解工作完成和未完成预订处理的情况。

④准备好预订单和预订表格、用品,调整电脑,使之处于待工作状态。

2) 受理与处理函件预订

(1)函件预订受理

①收到客人订房申请函件,交预订领班审阅,预订领班按团队预订、会议预订、散客预订、公司预订等分类。

②团队、会议和重要预订由领班受理,公司、散客预订由预订员受理。

③各预订人员迅速查阅"客房预订流量控制表",在掌握可订房基础上,确定是否接受客人的预订申请。

(2)函件预订处理

①团队函件预订处理。详细阅读函件内容,了解预订单位与联系人、客人预订时间、数量等具体要求。填写"团队客人预订单"。统计预订数量,并将预订

单交电脑录入员。

②会议函件预订处理。详细阅读函件,掌握举办单位预订要求,填写"会议用房预订单",并将预订单交电脑录入员。

③公司、散客函件预订。根据客人订房要求直接填写"散客、公司客人预订单",并将预订单交电脑录入员。

④拟写订房确认信。已经确定可以受理各类预订后,写出订房确认函件稿,交预订领班审阅签发,然后按客人来函方式发出。

⑤对于不能接受的预订或时间、客房类型不能满足要求的预订,拟写婉拒函件或列为"候补""优先等待"复函件,交领班审阅后按客人来函方式发出。

⑥电脑录入员将各类预订单按客人订房要求输入电脑,根据电脑统计显示修改"客房预订流量控制表",以便为后来的函件预订提供依据,并将预订单及资料按客人进店日期存档。

⑦有疑问的函件预订,交领班处理。

3)核对客房预订

①第一次核对。客人进店前 20 天,找出需当日核对的预订单与函件,用电话或其他方式与订房人联系,核实预订人数、房间数与类型、进离店日期等。如有变更,须修改订单和电脑记录,并在订单上加盖"第一次核对"印章。

②第二次核对。客人进店前 7 天,找出当日核对的订单与函件,查阅没有明确抵达日期和航班的预订,与订房人联系落实。修改订单与电脑记录,在订单上加盖"第二次核对"的印章。

③对于"优先等待""列为候补"的预订,查阅"订房流量控制表",有房间时转为正式预订,并拟写订房确认函件发给客人。

④将 VIP 客人预订和重要团队、会议预订作订房间处理,告知前厅接待处到日留出房间。

⑤第三次核对。客人进店前 1 天,找出订单与函件,核对以下内容:

• 检查所有函件是否与订单内容一致,防止差错。

• 找出非保证订房,与订房人联系,核对预订内容,催请客人来店。

• 再次核查 VIP 预订和重要订单有无差错,请前厅接待处再次封定所有订房,保证所有预订客人进店即有房可住。

• 对签有合同、协议的团队、会议预订,与销售部联系,核对预订与电传内容和协议房价是否相符。

知识库 2-3

预订单
RESERVATION FORM

□New Booking 新预订　□Amendments 更改　□On Waiting List 等候　□Cancellation 取消

Guest Name 客人姓名	No. of Room 房间数量	Room of Type 房间类型	No. of Guest 客人数量	Rate 房价	Company Name 公司名称

Original Arrival Date 原定到店时间：　　Original Departure Date 原定离店时间：

New Arrival Date 新到店时间：　　New Departure Date 新离店时间：

□ RMABF 房费含早餐　　　　□ ROOM ONLY 只付房费

Payment 付款方式：□Cash 现金　　□Credit Card 信用卡　　□Traveler's Cheque 旅行支票

Remarks 备注：_____

_____

_____

_____

Contact Name 联系人姓名：　　　　Company Name 公司名称：

Telephone Number 电话号码：　　　Fax Number 传真号码：

Taken by 预订人：

Date Taken 预订日期：

房间类型
Room Type

单间房 single room：一般是由一间面积为 $16 \sim 20$ m^2 的房间，内有卫生间和其他附属设备组成。房内设一张单人床的叫单人间，这样的房间适合商务旅游的单人住用。

双人房 1 standard room/twin room：房内设两张单人床的双人间，这样的房间适合住两位客人或夫妻同住，适合旅游团体住用。

双人房 2 double room：配有一张双人床的房间。

套间房 suite：是由两间或两间以上的房间（内有卫生间和其他附属设施）组成。

双套间 double suite：一般是连通的两个房间。一间是会客室，一间是卧室。卧室内设两张单人床或一张双人床。这样的房间适合夫妻或旅游团住用。

组合套间 composite suite：这是一种根据需要专门设计的房间，每个房间都有卫生间。有的由两个对门的房间组成；有的由中间有门有锁的相邻两个房间组成；也有的由相邻的各有卫生间的三个房间组成。

多套间 more suite：由三至五间或更多房间组成，有两个卧室各带卫生间，还有会客室、餐厅、办公室及厨房等，卧室内设特大号双人床。

高级套间 superior suite：由七至八间房组成的套间，走廊有小酒吧。两个卧室分开，男女卫生间分开，设有客厅、书房、会议室、随员室、警卫室、餐厅、厨房设施，有的还有室内花园。

其他房型：

garden view room 园景房

sea view room 海景房

deluxe business room 豪华商务房

honeymoon room 蜜月房

2.2.2 口头预订服务

1) 服务流程

（1）向客人问好

Greet guests

（2）询问预订信息

Ask guests the information of the reservation

①到达和离店时间。

The date of arrival and departure.

②人数。

The number of the people.

③房型和房间数。

The room type and the number of rooms.

（3）查询所需空房

Check the room available on the computer

（4）询问客人更多信息

Ask the guests more information

①客人姓名或团队名称。

The name of the guests or the party.

②联系电话。

Contact phone number.

（5）确认预订

Confirm the reservation

（6）表示期待客人光临

Look forward to the arrival of the guests

2）口头处理各类预订

（1）散客预订服务

A Telephone Call Reservation for a FIT（散客）

【任务】

★John Davis wants to book a twin room. The room rate is 1,500 Yuan per night.

约翰·戴维斯想订一间双人间,房费是每晚 1 500 元。

★The time: from November 9th to 10th, that's two days in all.

时间:11 月 9 日到 10 日,一共 2 天。

★the number of John Davis is 01-5639-1875.

约翰·戴维斯先生的电话是 01-5639-1875。

★Chris handles the reservation.

预订员克莉丝处理了这个预订。

【情景对话】

C：Chris, a reservationist

克莉丝,预订员

J：John, a guest

约翰,客人

C：Good morning, this is the Room Reservation. May I help you, sir?

早上好,这是预订部。需要我帮忙吗,先生?

J：Yes, I'd like to reserve a room.

是的,我想要订个房间。

C：Thank you, Sir. For which date?

谢谢,先生。订哪一天的?

J：From November 9th.

从 11 月 9 日起。

C：For how many nights?

住几晚?

J：For two nights.

两晚。

C：How many guests will there be in your party?

有多少人和您一起?

J：Just my wife and I.

就我和我的妻子。

C：Which kind of room would you prefer, a double or a twin?

您想订哪种类型的房间,一张双人床还是两张单人床的?

J：A twin, please.

两张单人床的吧。

C：Could you hold the line, please? I'll check our room availability for those days. Thank you for waiting, sir. We have a twin at RMB 1,000 Yuan and at RMB 1,500 Yuan, which would you prefer?

能请您稍等下吗? 我帮您查一下这几天我们的客房供应情况。让您久等了,我们这儿有 1 000 元一间和 1 500 元一间的,您喜欢哪一种?

J：We'll take the one at RMB 1,500 Yuan.

我们要 1 500 元的那间吧。

C：Certainly, sir. Could you give me your name, please?

好的,先生。能请您告诉我您的姓名吗?

J：Yes, it's John Davis, D-a-v-i-s.

好的,约翰·戴维斯,D-a-v-i-s。

C：Mr. Davis. May I have your phone number, please?

戴维斯先生,能告诉我您的电话号码吗?

J：Yes, the number is 01-5639-1875.

好,我的电话是 01-5639-1875。

C：What time do you expect to arrive, sir?

您什么时候到呢,先生?

J: Oh, around 8 : 00 a. m. , I suppose.

大概上午 8 点吧。

C: I'd like to confirm your reservation, sir. A twin room for Mr. and Mrs. Davis at RMB 1,500 Yuan per night for two nights from November 9th to November 10th. My name is Chris and we're looking forward to serving you.

我想确认下您的预订信息,先生。您和您的夫人预订一间价格为 1 500 元的双人房,从 11 月 9 日到 11 月 10 日住两个晚上。我叫克莉丝,期待你们的光临!

(2)团队预订服务

Making the Group Reservation

【任务】

★Li Ming is calling Wang Xiao in Room Reservation of Beijing Hotel. He wants to book 16 standard rooms from 15th to 21st of May for the visiting scholars, who will attend an important conference in Beijing.

李明正在给北京饭店预订部的王晓打电话。他想为一批访问学者预订 5 月 15 日至 21 日的 16 间标准间,这些访问学者即将来北京参加一个重要的会议。

★There will be only 14 standard rooms available on May 15th in Beijing Hotel. But some of junior suites will be available. There will be just 16 standard rooms available from 16th to 21st.

5 月 15 日这天北京饭店只有 14 间空房,不过还有一些普通套间没有被预订。从 5 月 16 日到 21 日正好有 16 间标准间。

★The room rate of a standard room is 180 dollars, a junior suite is 210 dollars. But the rate of junior suite will be 10% deduction for the group reservation during May.

标准间的房价是 180 美元,普通套间是 210 美元,但是 5 月团队预订普通套间可以打 9 折。

★Li Ming's telephone number is 18673526744.

李明的电话是 18673526744。

【情景对话】

Wang: Wang Xiao, a reservationist

王晓:预订员

Li: Li Ming, a guest

李明:客人

Wang: Good morning, Beijing Hotel! Can I help you?

早上好,北京饭店。需要我为您服务吗?

Li: I'd like to reserve 16 standard rooms with your hotel for some visiting scholars.

我想在你们饭店为一批访问学者预订 16 间标准间。

Wang: What date would that be?

预订在什么时间?

Li: From May 15th to 21st.

5 月 15 日到 21 日。

Wang: Just a moment, please. Let me check the reservation list. I'm very sorry. We only have 14 standard rooms available on May 15th. But we will have adequate standard rooms available from 16th to 21st. Can you change the date of arrival to 16th?

请稍等,我查一下预订单。非常抱歉,5 月 15 日我们只有 14 间标准间。但从 16 日到 21 日我们可以为您准备充足的标准间。您能把到达日期改到 16 日吗?

Li: Oh, no, we can't. The visiting scholars will attend a very important international academic exchange in Beijing.

噢,不能。因为这些访问学者是来北京参加一个重要的国际学术交流会议的。

Wang: We also have some junior suites available on 15th. The price of them is 30 dollars more than that of standard rooms, and we have a special rate for group reservation for junior suites.

15 日那天我们的普通套间还有一些空房。价格比标准间高 30 美元,而且团队预订还可享有折扣。

Li: How much is a standard room per night? And how do you discount for the junior suites?

标准间每晚多少钱?普通套间怎样打折?

Wang: 180 dollars. We'll give you 10 percent off for the reservation of the junior suites.

标准间每晚是 180 美元。普通套间我们给您打 9 折。

Li: That's great, I'd like to book 14 standard rooms and 2 junior suites altogether. My name is Li Ming and my telephone number is 18673526744.

太好了,我一共订 14 个标准间和 2 个普通套间。我叫李明,我的电话是 18673526744。

Wang: Thank you, Mr. Li. You have booked 14 standard rooms and 2 junior suites from May 15th to 21st. And your telephone is 18673526744.

谢谢您,李先生。您订了 14 个标准间和 2 个普通套间,时间是从 5 月 15 日到 21 日,您的电话是 18673526744。

Li：That's right. Thank you.

是这样,谢谢。

Wang：You're welcome. My name is Wang Xiao. If there is anything changeable, please call me. We look forward to your arrival, Goodbye.

不用谢。我叫王晓。如有任何变化,请打电话给我。期待着您的光临,再见。

(3)改变预订

Changing the Reservation

【任务】

★Alice has booked a twin room for two nights from October 5th.

爱丽丝订了一间带两张单人床的房间,时间从 10 月 5 日起。

★She has to change the reservation date because of something. She wants to extend the reservation date until the 9th.

因为某种原因她不得不更改预订的时间。她想延长两个晚上直到 9 日。

★The reservationist handles the reservation.

预订员处理了这个预订。

【情景对话】

C：Clare, a reservationist

克莱尔:预订员

A：Alice, a guest

爱丽丝:客人

C：Room Reservation. May I help you, madam?

客房预订。女士,有什么需要我帮忙的吗?

A：Yes. My name is Alice, and I made a reservation for two nights from October 5th. I'd like to extend it for two more nights until the 9th.

是的。我的名字是爱丽丝,订了从 10 月 5 日起的两个晚上的房间,我想延长两个晚上,一直住到 9 号。

C：For 4 nights from October 5th until October 9th. Will there be any change in your room type? Your reservation is for a twin room.

从 10 月 5 日到 9 日 4 个晚上,你预订的是一间带两张单人床的房间,您需要改变您的房间类型吗?

A: No.

不需要。

C: Thank you, madam. We will extend the reservation for you.

谢谢您,女士。我们将为您延长预订时间。

(4)取消预订

Cancelling the Reservation

【任务】

★Mary wants to cancel a reservation which was booked for her friend Jack Bruder.

玛丽想取消她为朋友杰克·布鲁德尔预订的房间。

★The date of the reservation is from October 2nd for 3 nights.

预订的日期是从 10 月 2 日起共 3 个晚上。

★Chen Li cancels the reservation for Mary.

陈丽为玛丽取消了这项预订。

【情景对话】

C: Chen Li,a reservationist

陈丽,预订员

M: Mary, a guest

玛丽,客人

C: Room Reservation. May I help you, madam?

客房预订。需要我帮忙吗,女士?

M: I'd like to cancel a reservation.

我想取消预订。

C: In whose name was the reservation?

是用谁的名字预订的?

M: Jack Bruder.

杰克·布鲁德尔。

C: How do you spell that, please?

怎么拼写呢?

M: B-r-u-d-e-r.

B-r-u-d-e-r.

C: What was the date of the reservation?

预订的日期是哪一天呢？

M：From October 2nd for 3 nights.

从10月2日开始起共3晚。

C：Excuse me, but is the reservation for you?

对不起,是为您预订的?

M：No, it's for my friend.

不,是给我朋友订的。

C：May I have your name and phone number, please?

能告诉我您的名字和电话吗?

M：Yes, it's Mary Caslon and my number is 365-7071.

好的,我叫玛丽·卡斯龙,我的电话是365-7071。

C：Thank you, madam. I'll cancel Mr. Bruder's reservation from October 2nd for 3 nights. My name is Chen Li and we look forward to another chance to serve you.

谢谢您,女士。我们将取消布鲁德尔从10月2号起3晚的预订。我的名字叫陈丽,期待下次有机会为您服务。

本章主要概念

1. 预订(Reservation)

2. 确认类预订(Confirmed Reservation)

3. 保证类预订(Guaranteed Reservation)

4. 欧洲大陆式房价(Continental Plan,简称"CP")

同步测试

1. 假设你是预订部主管,选择2～3名同学搭档组成酒店预订部,请模拟部门晨会情景进行当天工作的安排,并进行记录。

2. 完成对话。

C = Clerk   G = Guest

C：Room reservation. _____.

G：Yes, I'd like to book a room for my boss, Gary Brown.

C：_____.

G：A double room with bath. _____.

C：It's RMB 700 Yuan. _____.

G：A week.

C：_____.

G：From August 7th to 18th.

C：_____.

G：That's right. Thank you.

C：_____. We're looking forward to your arrival.

📚 本章综合实训

实训目标:通过角色扮演编排对话,完成一次对客预订服务。

实训资料:假设你是假日酒店的客房预订员麦克(Mike),接到一位客人马丁先生(Mr. Martin)从承德打来的电话,要预订一间豪华商务房,要求阳面的位置,并先用信用卡保证预订。请就以上内容进行小组讨论,编制一段情景对话,并进行表演示范。

实训要求:对话编排应体现预订员工作的服务流程,逻辑结构清晰;对话中使用服务行业常用礼貌用语。

实训指导:该案例中的预订方式为电话预订,预订的种类属于保证类预订的信用卡担保,同时客人提出了所需客房类型及特殊要求,在编制对话过程中应依据电话预订的工作程序完善对话内容。

📚 学习评价

▲职业核心能力测评表

(在□中打√,A:通过,B:基本通过,C:未通过)

职业核心能力	评估标准	自测结果		
自我学习	1.能进行时间管理	□A	□B	□C
	2.能选择适合自己的学习和工作方式	□A	□B	□C
	3.能随时修订计划并进行意外处理	□A	□B	□C
	4.能将已经学到的东西用于新的工作任务	□A	□B	□C
信息处理	1.能根据不同需要去搜寻、获取并选择信息	□A	□B	□C
	2.能筛选信息,并进行信息分类	□A	□B	□C
与人交流	1.能把握交流的主题、时机和方式	□A	□B	□C
	2.能理解对方谈话的内容,准确表达自己的观点	□A	□B	□C
	3.能获取并反馈信息	□A	□B	□C

续表

职业核心能力	评估标准	自测结果		
与人合作	1.能挖掘合作资源,明确自己在合作中能够起到的作用	□A	□B	□C
	2.能同合作者进行有效沟通,理解个性差异及文化差异	□A	□B	□C
解决问题	1.能说明何时出现问题并指出其主要特征	□A	□B	□C
	2.能作出解决问题的计划并组织实施计划	□A	□B	□C
	3.能对解决问题的方法适时作出总结和修改	□A	□B	□C

学生签字: 教师签字: 20 年 月 日

▲专业能力测评表

(在□中打√,A:掌握,B:基本掌握,C:未掌握)

业务能力	评价指标	自测结果			备 注
预订知识	1.准确掌握各种类型的预订	□A	□B	□C	
	2.使用预订部常用英语	□A	□B	□C	
对话编排	1.内容符合预订部服务程序	□A	□B	□C	
	2.内容完整充实	□A	□B	□C	
	3.对话流畅,用词准确	□A	□B	□C	
	4.语音、语调、语速	□A	□B	□C	
综合评价	1.服装、道具准备情况	□A	□B	□C	
	2.身体语言	□A	□B	□C	
	3.自信、情绪饱满	□A	□B	□C	
其他					
教师评语:					
成 绩		教师签字			

第3章 礼宾部
Chapter 3 Concierge

【职业能力目标】

专业能力

★ 按照岗位工作流程完成门童的各类服务工作。

Handle all kinds of doorman services in accordance with the doorman's working procedures.

★ 按照岗位工作流程完成行李员的各类服务工作。

Handle all kinds of bellman services in accordance with the bellman's working procedures.

★ 按照岗位工作流程完成其他礼宾服务工作。

Handle other types of concierge services in accordance with the concierge's working procedures.

职业核心能力

★ 具备与客人进行口头交流的能力。

Possess the ability of oral communication with guests.

★ 具备迎送宾客的服务能力。

Possess the ability of greeting and seeing off guests.

★ 具备行李服务能力。

Possess the ability of bellman services.

★ 具备与酒店其他部门沟通的能力。

Possess the ability of communication with other departments of the hotel.

礼宾服务(Concierge)就是在宾客下榻饭店和离开饭店时向其提供的迎送服务、行李服务以及一些其他服务。礼宾服务是前厅服务的重要组成部分,礼宾是以客人心目中"饭店代表"的特殊身份进行的,其服务态度、服务质量、服务效益如何,将给饭店的声誉和效益带来直接影响。饭店前厅是客人进入饭店的第一个接触点,客人一下榻饭店首先就接受礼宾的服务,同时,礼宾又是客人离开饭店的最后接触点,礼宾服务直接关系到客人对饭店的住宿满意程度和对饭店的印象。

Concierge service is the reception service, containing welcoming and seeing off guests, luggage and other services provided for guests who arrive at and leave the hotel, which is an important part of the reception service. In guests' eyes, a concierge has a special identity on behalf of the hotel. The service attitude, quality, and efficiency of a concierge will have a direct impact on the hotel's reputation and benefits. The hotel lobby is the first point which contacts with the guests who enter the hotel. Guests will firstly accept concierge service when they arrive at the hotel, at the same time, concierge is the last contact point when the guests leave the hotel. It is directly related to guests' satisfaction with the accommodation and impression of the hotel.

【本章的知识体系】

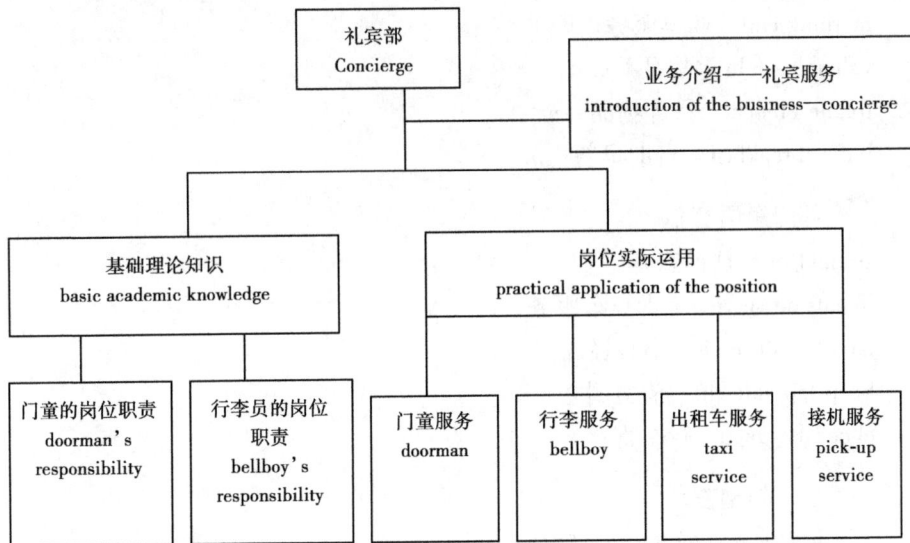

🖋 部门词汇荟萃

concierge   礼宾部   *n.*

bellman / Bellboy   行李生   *n.*

doorman   门童   *n.*

luggage / baggage 行李 *n.*

luggage rack 行李架 *n.*

luggage depository 行李存放处 *n.*

baggage trolley 行李车 *n.*

driver 司机 *n.*

tour guide 导游 *n.*

elevator 电梯 *n.*

toilet 洗手间 *n.*

airport 机场 *n.*

railway station 火车站 *n.*

shopping center 商场 *n.*

supermarket 超市 *n.*

tip 小费 *n.*

umbrella 雨伞 *n.*

pick-up service / limousine service 接机服务 *n.*

morning call 叫早服务 *n.*

valuables 贵重物品 *n.*

fragile objects 易碎物品 *n.*

buffet breakfast 自助早餐 *n.*

部门短语荟萃

straight on 往前直走

limousine service 贵宾车服务

handle with care 小心轻放

keep top side up 请勿倒立

check baggage 行李寄存

部门句型荟萃

1. May I take your luggage for you?

我来帮您拿行李, 好吗?

2. How many pieces of your luggage, sir?

您有多少件行李, 先生?

3. Are these your luggage?

这些是您的行李吗？

4. Just a moment, please. I'll bring a luggage cart.

请稍等一下,我去推一辆行李车来。

5. Two suitcases and one bag. Is that right?

两个箱子和一个包,对吗？

6. Is there anything valuable or breakable in your bag?

您包里有贵重或易碎物品吗？

7. I'll show you to the Front Desk. This way please.

让我带您去总台,请走这边。

8. The bellman will show you to your room, sir.

先生,行李生会送您到房间的。

9. Don't worry, your luggage will be sent up at once.

别担心,您的行李很快就会送上去的。

10. I'm sorry to have kept you waiting.

对不起,让您久等了。

11. May I know your room number?

您能告诉我您的房间号吗？

12. May I have a look at your room card?

我可以看一下您的房卡吗？

13. After you, please. / You first, please.

您先请。

14. This way, please.

这边请。

15. Here is your room key.

给您房间钥匙。

16. You may leave your luggage in the Concierge.

您可以把行李放在礼宾部。

17. Would you like to leave your luggage here?

您要寄存行李吗？

18. Would you like me to call a taxi for you?

需要我为您叫一辆出租车吗？

19. About 60 minutes by taxi from here to the airport.

从这里乘出租车到机场大概需要 60 分钟。

20. Would you like to take a taxi?

请问您要搭计程车吗?

21. Would you mind sitting here?

请问您介意坐在这里吗?

22. Do you mind if I put your luggage here?

我把您的行李放在这里好吗?

23. Please sign your name here.

请您在这里签名。

24. Would you tell me your phone number?

您能告诉我您的电话号码吗?

25. Is there anything else I can do for you?

您还有什么事要我做吗?

26. Could you keep my suitcase for an hour or so?

请你替我保管我的手提箱 1 个小时好吗?

27. Would you take care of my baggage?

请你照顾一下我的行李好吗?

28. According to regulation, we don't accept food, combustible, valuable and breakable objects.

根据规定,食品、易燃品、贵重物品和易碎品都不给予保管。

29. How long can you keep it?

你能保管多久呢?

30. When you check out, please call number 32 and we'll help you with your luggage immediately.

如果您要离店,请打电话32,我们会马上帮您运送行李的。

31. Most taxi drivers do not speak English. It is helpful if you have your destination written in Chinese.

大多数出租车司机都不会英语,把您要去的目的地用中文写下来,会给您不少帮助。

32. When you return to the hotel, please show this hotel card to the taxi driver.

当您要返回酒店时,请向出租车司机出示一下酒店名片。

第1单元　门　童

Unit 1　Doorman

3.1.1 门　童

门童(doorman)又称"门迎""门卫",是站在饭店入口处负责迎送客人的前厅部员工。与饭店的建筑、门面一样,门童的形象往往代表了整个饭店的形象,门童通常身着镶有醒目标志的特定制服,显得精神抖擞,同时,还创造一种热烈欢迎客人的气氛,满足客人受尊重的心理需求。

门童经常由男性担任,所以被称为 doorman,但是现在很多饭店启用女性担任门童。女性担任门童不仅具有特殊的魅力,而且能够标新立异,受到客人欢迎。只是女性门童在为客人提供行李服务时,略显"力不从心",难以胜任。

做一个优秀的门童并不容易,世界著名的日本新大谷酒店的负责人曾说,培养一个出色的门童往往需要花上十多年时间。

3.1.2 门童的职责

①为抵店客人提供迎宾服务,开启车门。
②安排离店客人有次序地乘坐出租车或巴士,为其开关车门。
③为有需求的客人指示方向或解答疑问。
④协助维持门口车辆进出的秩序。
⑤协助行李员装卸行李。
⑥随时留意国旗、店旗的升降情况。

3.1.3 门童服务的程序与标准

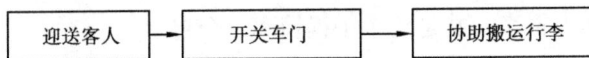

迎送客人 → 开关车门 → 协助搬运行李

图3.1　门童服务流程图

1) 迎送客人

①站立姿势端正,脸上始终带有微笑。

②门童岗位位于大门内,通常情况下应面向外来车辆驶入的方向,随时注意抵、离店客人。

③主动迎客,敬语问候。

④热情送客,敬语欢送。

2)开关车门

①客人抵店时,应立即上前为客人开车门,注意应先开车后门(若后座有客人),再开车前门。

②开车门时,应右手打开车门,左手挡在车门上方(旅行车只需要用右手开门即可),以避免客人下车头碰到车门框。

③客人下车时,应向客人致欢迎词,若客人行动不便,协扶客人下车。

3)协助搬运行李

①主动协助行李员卸下行李。

②检查车内是否有遗漏行李后关闭车门,如果是出租车,应记下车牌号并给客人,向客人指示总台方向。

③客人离店上车时,如客人有行李,协助行李员装好行李,并记下车牌号。

注意事项:

①看到衣冠不整者或携带宠物者,谢绝入内。

②协助保安在用车高峰期维持交通秩序,避免大门口出现混乱。

【任务1】

★The guest comes to the hotel, and the doorman welcomes the arrival of the guest.

客人抵店,门童迎宾。

★The doorman confirmed the guest luggage: there are two suitcases and one bag.

门童确认客人行李一共是两个手提箱和一个包。

★The doorman helps the guest with his suitcases.

门童帮助客人提行李。

★The doorman steps this way of the lobby.

门童引领客人进入大堂。

【情景对话】

D：Doorman

门童

G：Guest

客人

D：Good evening, sir. Are you checking in ?

晚上好,先生。您是来入住的吗?

G：Yes.

是的。

D：Do you have any baggage in the trunk?

后备箱里有行李吗?

G：Yes, two suitcases and one bag.

有的,有两个手提箱和一个包。

D：Is this everything, sir?

这是全部东西吗,先生?

G：Yes, that's all.

是的,这是全部。

D：May I help you with your suitcases, sir?

我可以帮您拿手提箱吗,先生?

G：Thank you!

谢谢!

D：Please step this way. It is slippery, please mind your step.

请这边走,小心路滑。

G：Yes, I will.

好的,我知道了。

D：Please go in by the door on the left. A bellman will show you to the front desk.

请从左边的门走,行李员将带您去总台。

G：Thank you.

谢谢!

【任务 2】

★The guest leaves the hotel, and the doorman sees guest off.

客人离店,门童送客。

★The doorman actively asked whether the guest needs to call a taxi.

门童主动询问客人是否需要叫出租车服务。

★The guest wants to go to shanghai Pudong International Airport by taxi.

客人需要搭乘出租车去上海浦东国际机场。

★The doorman confirms the guest luggage, and take them into the trunk.

门童确认客人行李,并帮忙把行李放到后备箱。

【情景对话】

D: Doorman

门童

G: Guest

客人

D: Would you like me to call a taxi for you?

您需要我为您叫一辆出租车吗?

G: Yes, thanks.

是的,谢谢。

D: Where to, sir?

到哪里呢,先生?

G: Shanghai Pudong International Airport.

去上海浦东国际机场。

D: OK, just a moment, please.

好的,请稍等。

G: Sorry to have kept you to waiting, sir. Are there four pieces in all?

不好意思让您久等了,你一共是 4 件行李,对吗?

G: Yes.

是的。

D: Let me take them into the trunk.

让我把它们放到后备箱吧。

G: OK, thank you very much.

好的,非常感谢。

D: You are welcome, sir. We look forward to serving you again. Have a nice trip home.

不客气先生,希望能再次为您服务。祝您一路平安。

知识库3-1

门童服务三要素

客人来到酒店时,与客人有交流的第一个服务人员岗位很可能是车场保安和礼宾部门童,因此,门童的形象在第一时间也代表了客人对酒店的第一感知。如何让客人在短时间内认知门童的服务,享受到酒店服务的温馨,这就要求服务人员必须在对客服务中具备以下三个要素。

第一要素:细心观察

只有通过细心观察,才能够抓住对客服务的切入点,进行正确分析,推断出客人下一个服务需求和未来的需求是什么。细心观察包括观察客人到店的交通工具、性别、年龄、衣着、随身物品等信息,从而推断出客人是本地人还是异地人,是商务客人还是政府官员,是刚下飞机还是刚下火车,等等。细心观察为下一步服务奠定坚实的基础。

第二要素:适时服务

适时服务,就是要做到适时适地,恰如其分地为客人提供卓越服务,并让客人有所感知,认可其服务。门童要做好以下几点:时时刻刻都以标准的站立姿势站在自己的岗位上;细心观察自己视野中即将要通过门庭的客人;当客人距手拉门5米内,面带微笑并用眼神关注客人;在客人距离手拉门1.5米时,迅速用标准规范动作打开门;在客人通过服务人员面前时,面带微笑点头示意,并用得体的语言问候客人。

第三要素:有道别声

门童工作是迎送客人,迎完了客人之后如何送客,是决定服务是否完整的一个衡量标准。只有在客人离开酒店通过门庭时,与客人进行愉快道别,让客人感受到服务之温馨,这样的服务才是标准的、合格的。作为门童,与客道别要做到以下几点:用眼神去关注客人;微笑面对客人并点头示意;在客人即将通过的瞬间打开车门;配以得体的道别语言;目送客人离开视线,以便客人有其他需求时能及时进行跟进服务。

第2单元 行李员

Unit 2 Bellboy

3.2.1 行李员的岗位职责

①负责运送客人行李及客人行李的登记与保管工作。

②负责行李的接收及缺损的应变处理。

③负责编制行李进出时日表。

④负责客人行李的安全保卫工作。

⑤负责向客人介绍客房各项的设备设施。

⑥协助前台收银员向住客收取未付账款。

⑦必要时,为住客发送报纸、信件、为宾客操作电梯。

⑧完成前厅部领导交办的其他任务。

3.2.2 散客行李服务程序与标准

1)抵店行李服务(图3.2)

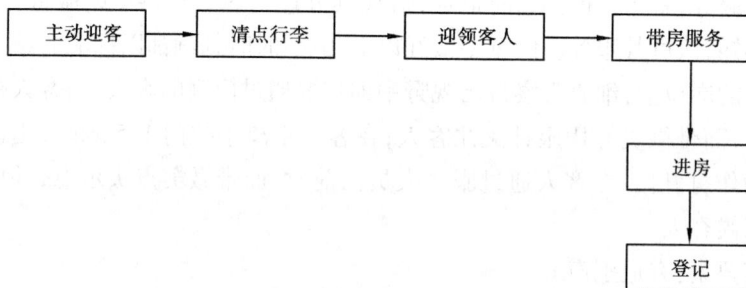

```
┌────────┐   ┌────────┐   ┌────────┐   ┌────────┐
│ 主动迎客 │──▶│ 清点行李 │──▶│ 迎领客人 │──▶│ 带房服务 │
└────────┘   └────────┘   └────────┘   └────────┘
                                            │
                                            ▼
                                        ┌────────┐
                                        │  进房  │
                                        └────────┘
                                            │
                                            ▼
                                        ┌────────┐
                                        │  登记  │
                                        └────────┘
```

图3.2 抵店行李服务流程图

(1)主动迎客

当客人抵店时,行李员应主动问候,以示欢迎。

会话:Good afternoon,sir/madam/miss. Welcome to Chongqing Hotel.

下午好,先生/女士/小姐。欢迎光临重庆酒店。

（2）清点行李

①帮助客人从车上卸下行李。请客人确认行李件数，以免遗漏。同时记下客人所乘坐的车辆号码（若有差错，即可根据记下的车号迅速查清行李的下落）。

②装行李时，应将大、重、硬的行李装在下面，小、轻、软的行李装在上面。

会话：Can I help you with that, sir/madam/miss? It's three pieces of luggage, right? Would you please take the camera?

先生/女士/小姐，我来帮您拿行李，好吗？ 共三件行李，对吗？ 请您拿好照相机，可以吗？

（3）迎领客人

①引导客人到服务台办理入店登记手续。

会话：If you have made a reservation please, sir/madam/miss? May I know your name, please? Welcome to Chongqing Hotel, Mr. Wang. Here is the reception desk.

先生/女士/小姐，请问您提前预订了吗？ 怎样称呼您？ 王先生，欢迎光临重庆酒店。这里是前台接待处。

②行李员把行李放置在离前台 2 ~ 3 米的地方，以正确的姿势站立于行李旁，替客人看管行李并等候客人登记完毕。

③客人办完手续后，行李员从前台接待员手中接过钥匙和住宿登记单，按房号将行李送入客房。

会话：Would you come this way, please. Mr. Wang. Your room is here.

王先生，请走这边。这就是您的房间。

（4）带房服务

①再次检查行李是否齐全，提醒客人不要把物品遗留在柜台上。

②送行李途中，行李员主动向客人介绍酒店设施及服务项目。

会话: Mr. Wang. There are three dining rooms in our hotel. The Chinese restaurant is on the second floor, the Western restaurant is on the third floor and the coffee shop is on the first floor. Recently We will hold an Italian food festival. Welcome to enjoy it at any time.

王先生，我们酒店有 3 个餐厅，中餐厅在二楼，西餐厅在三楼，咖啡厅在一楼。最近西餐厅在举办意大利食品节，欢迎您前去品尝。

③照顾客人先上电梯，搬运行李进电梯，操作电梯运行，出电梯时先带行李出来，再照顾客人出电梯。

会话：Would you please step out first. Mr. Wang?

王先生,您先请(伸手示意)。

会话:Mr. Wang. Would you come this way,please.

王先生,请这边走(伸手示意)。

(5)进房

①开房间门前向客人介绍钥匙的使用要求。

②为客人打开房门后,浏览一下客房是否符合要求,然后请客人先进入客房(晚上应先进房开灯,再请客人进房)。

③行李员进房后迅速把行李放在行李架上,或按客人吩咐摆放,并请客人核对行李,然后打开窗帘,把钥匙归还客人。

会话:Mr. Wang. they are three pieces. Is it correct? Please write down your name. Thank you!

王先生,您看,是这3件,对吗?请签字,谢谢!

会话:Mr. Wang. The room card is in the switch. Take out the room card when you go out.

王先生,房卡插在电源开关上,您出门时请拔出房卡。

④简单介绍一下客房设施,并询问客人是否有其他要求,最后祝客人在酒店过得愉快。出来时向客人微微鞠躬,倒退2~3步,然后转身离开房间,轻轻关上房门,立即回行李房。

会话:Mr. Wang,you first,please. Room 1002 is facing south and very cozy. You may overlook the sea.

王先生,您请。1002房间向阳,非常舒适,站在窗前可以俯瞰大海。

会话:If you need help,please dial 808,Mr. Wang.

王先生,有事请您拨打808。

会话:May you enjoy your time in Chongqing Hotel,Mr. Wang.

王先生,愿您在重庆酒店过得愉快。

(6)登记

回行李房后,将运送行李件数、时间、房号登记在散客入住行李搬运的记录表中(表3.1)。

表3.1　散客入住行李搬运记录表
INDIVIDUAL LUGGAGE OF ARRIVAL REGISTRATION FORM

日期：

Date：

房　号 Rm. No.	上楼时间 Up Time	行李件数 Pieces	行李员 Bell boy	预计离店时间 Depart. Time	备　注 Remarks

【任务1】

★Madam and sir come to Maria Hotel.

客人们来到玛利亚大酒店。

★The bellman confirmed the guests' luggage：there are four pieces baggage to send up to their room.

行李员确认客人一共有4件行李需要送到客房。

★Guests' number is 1408.

客人的房间号是1408。

★The bellman handles this.

行李员处理了这次行李服务。

【情景对话】

B：Bellboy

行李员

G：Guest

客人

B：Good afternoon, madam and sir. Welcome to Maria Hotel. I'm the bellboy, what can I do for you sir?

下午好,先生,女士,欢迎光临玛利亚大酒店。我是行李员,先生,我能为您做什么?

G：Would you please send up our baggage to our room?

请把我们的行李送到房间去,好吗?

B：Yes, certainly, sir. Are these all yours?

好的,先生。这是您全部的行李吗?

G：Yes, four pieces.

是的,一共 4 件。

B：May I have your room number, please?

请问您的房间号是多少?

G：Room 1408.

我住在 1408.

B：Yes, Room 1408. Now, this way please.

好的,1408 号房间,请走这边。

G：OK.

好的。

B：Please take this elevator to the 14th floor and I'll take the baggage elevator. I'll meet you at your elevator entrance there and show you to Room 1408.

请乘这部电梯到 14 楼,我去乘行李电梯。我会在你们所乘的电梯门口等候,然后带您去 1408。

G ：Good. Thank you and see you then.

好的,谢谢,回头见。

B：You are welcome. See you.

别客气,一会儿见。

【任务 2】

★Mr. Smith and Mrs. Smith have checked in. The hotel bellboy showed them to their room and introduced hotel's service to them on the way to the room.

史密斯夫妇已办理好入住登记手续。酒店行李员引领他们到客房,并在途中向他们介绍了酒店的服务。

【情景对话】

B：Bellboy

行李员

S：Mr. Smith and Mrs. Smith

史密斯夫妇

B：Good afternoon , sir and madam. I'm the bellboy.

下午好,先生,夫人。我是行李员。

S：Good afternoon.

下午好。

B：Very glad to have you here. Let me carry your baggage. This way, please.

非常高兴你们能来我们酒店。让我来帮您拿行李。这边请。

（They are going to the elevator entrance.）

他们走向电梯入口。

S：Could you tell us something about your hotel's services?

你能向我们介绍一下你们酒店的服务吗?

B：Certainly, sir. Our hotel is a first-rate hotel and chosen as the favorite place to stay by VIPs, official guests and businessmen from many countries. There are over 173 rooms of international standard. There are one Chinese restaurant, a deluxe Western style restaurant, and large and small banquet halls.

当然,先生。我们酒店是第一流的酒店,是来自世界各地的 VIP、官方客人和商务客人最喜欢选择的酒店。我们有超过 173 间的国际标准间。还有一个中餐厅,一个豪华西餐厅和多个或大或小的宴会厅。

S：How about other services?

别的服务怎么样?

B：Also available are a beauty salon, a swimming pool and tennis…

此外还有美容沙龙、游泳池和网球场,等等。

（Now they are at the elevator entrance.）

现在他们来到了电梯口。

B：Here we are. Please take this elevator to the 9th floor. The floor attendant will meet you there and show you to Room 908. I'll take the baggage elevator and get your baggage up to your room.

到了。请乘电梯到 9 楼。楼层服务员将在那里接你们并带你们去 908 房间。我将乘行李电梯把你们的行李送到你们的房间。

S：Thank you. See you then.

谢谢。过会儿见。

2)离店行李服务(图3.3)

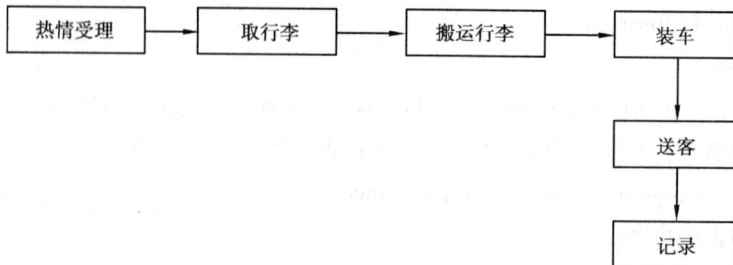

图3.3 离店行李服务流程图

(1)热情受理

①行李员看到离店客人随其行李下楼或出电梯时,应主动上前帮助搬运。

②当客人离店前打电话要求帮助搬行李时,行李员应问清客人的房号、行李的数量和搬运行李的时间。

③根据客人要求提前3~5分钟上楼去取行李。

(2)取行李

①与前台收银联系,了解客人是否已付账。

②进房时先按门铃(或轻敲三下),报"Bell service"或用中文说"行李服务"。待客人开门后,向客人问候。征得客人同意后,才进房搬运行李。

③按客人指示,在行李上挂上饭店行李牌,把下半联给客人。

④提醒客人不要遗留物品在客房。

(3)搬运行李

①与客人一起确认行李件数,然后同客人一起下楼到前台收银处。客人结账时,把行李放在客人后方2~3米处,替其看护行李。

②确认客人已办完结账离店手续后,随客人将行李送至大门外,协助客人将行李搬上车,向客人道别。

(4)送客

将行李装上汽车,请客人当面核实行李后盖上汽车后盖,收回行李下半联。

(5)登记

填写散客离店行李搬运记录表(表3.2)。

表 3.2　散客离店行李搬运记录表

INDIVIDUAL LUGGAGE OF DEPART URE REGISTRATION FORM

日期：

Date：

房　号 Room No.	离店时间 Depart. Time	行李件数 Pieces	行李员 Bell boy	车号 No.	备　注 Remarks

【任务 3】

★Mr. Smith will check out soon. He calls the concierge desk and asks a bellboy to pick up his luggage.

史密斯先生很快要结账离店。他打电话到礼宾部服务台,希望安排一个行李员帮他取行李。

★Hotel concierge's captain answers the phone and sends one bellboy to pick up Mr. Smith's luggage.

酒店礼宾部领班接到电话并安排 1 名行李员去取史密斯先生的行李。

★The bellboy picks up the luggage and keeps them on the concierge desk.

行李员取了行李并把行李送至礼宾部服务台。

【情景对话】

C：Captain of concierge

礼宾部领班

S：Mr. Smith

史密斯先生

B：Bellboy

行李员

C：This is concierge desk. May I help you?

礼宾部服务台。能为您效劳吗?

S：I'm going to check out soon. Could you pick up my luggage,Please?

我很快要结账离店。可以帮我取一下行李吗?

C: Certainly, sir. May I have your room number, please?

当然可以,先生。请告诉我您的房号。

S: Yes, it's 1101.

好的,1101 房。

C: Room 1101. Very good, sir. We'll send a bellman immediately. Could you wait in you room, please?

1101 房。好的,先生。我们很快安排行李员。请您在房间稍等好吗?

S: OK.

好的。

B: Good morning, sir. I've come for your bags.

早上好,先生。我来取您的行李。

S: Thank you. Could you take these two suitcases, please? I'll bring the bag with me.

谢谢。请你拿这两个箱子,可以吗? 我来拿这个包。

B: Certainly, sir. Two suitcases?

当然,先生。就这两个箱子吗?

S: Yes.

是的。

B: Is there anything valuable or breakable in them?

里面有贵重或易碎物品吗?

S: No.

没有。

B: This is your claim tag, sir. We'll keep your luggage at the concierge's desk. Could you pick it up there, Please?

这是您的行李牌。我们将把您的行李放在礼宾部服务台。请到那里取行李好吗?

S: Certainly.

好的。

B: Thank you, sir. See you later.

谢谢您,先生。一会儿见。

3.2.3 团队行李服务程序与标准

1)团体入住行李服务(图3.4)

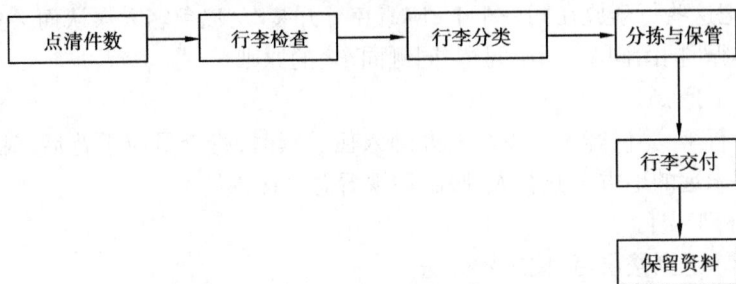

```
┌──────────┐    ┌──────────┐    ┌──────────┐    ┌──────────┐
│ 点清件数 │──▶│ 行李检查 │──▶│ 行李分类 │──▶│ 分拣与保管 │
└──────────┘    └──────────┘    └──────────┘    └──────────┘
                                                       │
                                                       ▼
                                                 ┌──────────┐
                                                 │ 行李交付 │
                                                 └──────────┘
                                                       │
                                                       ▼
                                                 ┌──────────┐
                                                 │ 保留资料 │
                                                 └──────────┘
```

图3.4　团体入住行李服务流程图

（1）点清件数

①团体行李到达时,行李员推出行李车,与团队负责人或领队交接行李,清点行李件数和破损情况。

②填写团体行李登记表,一式三份,双方签名,两份交领队和陪同,一份留查。

（2）行李检查

检查行李有无破损,然后双方按各项规定程序履行签收手续。如发现行李有破损或短缺,应由团队负责人或领队签字证明。在搬运过程中,如客人本人随行,则还应请客人确认各自行李。

（3）行李分拣与保管

①如行李员与客人抵店,则将行李放到指定的地点,标上团号,然后将行李罩上行李罩存放。注意不同团体的行李之间应留有空隙。

②在每件行李上挂上饭店的行李标签,待客人办理入住登记后,根据接待处提供的团体分房表,认真核对客人姓名,并在每张行李标签上写上客人房号。填写房号要准确、迅速,然后在团体行李登记表的每一房号后面标明入店的行李件数,以方便客人离店时核对。如某件行李上没有客人姓名,则应把行李放在一边,并在行李标签上注明团号及入店时间,然后将其放到行李房储存备查,并尽快与陪同或导游联系,确定物主的姓名、房号,尽快送给客人。

③将写上房号的团体行李装上行李车。装车时应注意:

• 硬件在下、软件在上,大件在下、小件在上,并特别注意有"请勿倒置"字样的行李。

● 同一团体的行李应放于同一趟车上,放不下时分装两车,同一团体的行李分车摆放时,应按楼层分车,尽量将同一楼层或相近楼层的行李放在同一趟车上。如果同一层楼有两车行李,应根据房号装车;同一位客人有两件以上的行李,则应把这些行李放在同一车上,应避免分开装车,以免客人误认而丢失行李。

● 遵循"同团同车、同层同车、同侧同车"的原则。

(4)行李保管

看管行李,等候客人。在客人办理入住手续时,行李员应手背后,站在总台一侧约四米远的地方等候客人,眼睛注视看总台接待员。

(5)行李交付

①行李送到楼层后,按房号分送。

②请客人确认点清行李。

③若客人不在房间,请客房服务员打开房门,将行李搬进客房后报告行李领班,请其校对。

(6)保留资料

①送完行李后,将每间客房的行李件数准确登记在团队进出店行李登记单上。

②团队客人住宿期间,记录由领班保存。

③团队客人离店后,记录应存档。

2)团体离店行李服务(图3.5)

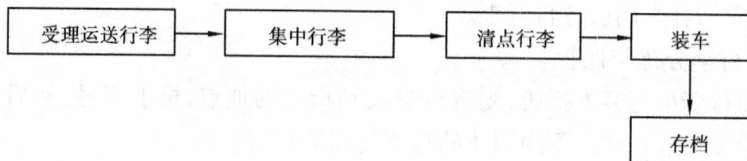

受理运送行李 → 集中行李 → 清点行李 → 装车 → 存档

图3.5　团体离店行李服务流程图

(1)受理运送行李

根据团体客人入住登记表上的运出行李时间作好收行李的工作安排,并于客人离店前一天与领队、导游或团体接待处联系,确认团体离店时间及收行李时间。

(2)集中行李

①在规定的时间内依照团号、团名及房间号到楼层收取客人放在门口的行

李。行李员收行李时,依次摆放,避免漏收和走回头路。

②收行李时应核对每间房的入店行李件数和出店行李件数,如不符,则应详细核对,并追查原因。如客人在房间,则应与客人核对行李件数;如客人不在房间,又未将行李放在房间,则要及时报告领班,请领班出面解决。

③将团体行李汇总到前厅部大堂,再次核对并严加看管,以防丢失。

(3)清点行李

①核对是否与记录相符,请领队或陪同一起过目,并在团队行李进出店登记单上签字确认,将行李牌一联交与领队或陪同。

②与旅行社的团队负责人一同检查、清点行李,办理好行李移交手续。

(4)装车

①协助押运员迅速将行李搬运上车,由押运员清点行李,在行李进出单上签字,注明车号。

②请领队和陪同到装车现场,请他们确认行李无误后在行李单上签名,并收回行李牌一联。

(5)存档

填写团体进出店行李登记表(表3.3)并存档。

表3.3 团队进出店行李登记表

TEAM LUGGAGE OF ARRIVAL/ DEPARTURE REGISTRATION FORM

团队名称 Team Name			人数 Number	
抵达日期 Arrival Time		离店日期 Departure Time		
进店 Arrival	卸车行李员 Unload Bell	酒店行李员 Hotel Bell	领队签字 Captain's Signature	
出店 Depart.	装车行李员 Load Bell	酒店行李员 Hotel Bell	领队签字 Captain's Signature	
行李进店时间 Arrival Time of Luggage	车号 Car Number	行李收取时间 Collect Time of Luggage	行李出店时间 Depart. Time of Luggage	车号 Car Number

续表

房号 Room No.	行李箱 Cases		行李包 Bags		其他 Others		备注 Remarks
	入店 Arrival	出店 Depart.	入店 Arrival	出店 Depart.	入店 Arrival	出店 Depart.	
总计 Total							

入店（Arrival）   出店（Depart.）

行李主管（Bell Director）：_____   行李主管（Bell Director）：_____

日期/时间（Date/Time）：_____   日期/时间（Date/Time）：_____

【要点提示】

①若同时有几个团队抵达饭店,行李员应分别在行李卡上记上每个团队的团号及团名,也可以用不同颜色的行李卡或绳带作标志,将不同团队的行李区分开,以免将行李搞混。

②把已分配好房间的客人名单按字母顺序重写一遍,可以节省分送行李的时间。

知识库 3-2

换房行李服务

(1)接到接待处换房通知后,到接待处领取换房通知单(表3.4),弄清客人的姓名、房号及换房后的房号。

(2)到客人原房间楼层,将换房通知单中的一联交给服务员,通知其查房。

(3)按进房程序并经住客允许后进入客房,请客人清点要搬的行李及其他物品,将行李装车。

表3.4 换房通知单
ROOM CHANGE SLIP

姓名(Name)：_____

	由(From)	到(To)
房号(Room No.)		
房费(Room Rate)		
日期(Date)		
备注(Remarks)		
抄送(CC)： Housekeeping; Information; Deposit; Cashier; Reservation; Switchboard; Reception; Bellboy		

(4)引领客人到新的房间,为其开门,将行李放好,必要时向客人介绍房内设备设施。

(5)收回客人原来的房卡及钥匙,将新的房卡及钥匙交给客人。

(6)向客人道别,退出客房。

(7)将原房卡及钥匙交回接待处。

(8)作好换房工作记录,并填写换房行李登记表(表3.5)。

表3.5 换房行李登记表
LUGGAGE OF ROOM CHANGE REGISTRATION FORM

日期 Date	时间 Time	由 From	到 To	件数 Pieces	行李员 Bellboy	楼层服务员 Floor attendant	备注 Remarks

3.2.1 行李寄存和提取服务

1）行李寄存服务程序与标准

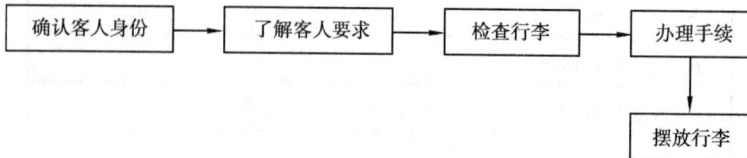

```
确认客人身份 → 了解客人要求 → 检查行李 → 办理手续
                                            ↓
                                         摆放行李
```

图3.6 行李寄存服务流程图

（1）确认客人身份

礼貌询问，确定客人身份。客人要求寄存行李时，要礼貌地向客人征询所住房号、姓名等，请客人出示住房卡。原则上只为住店客人提供免费寄存服务，若团队行李需要寄存时，应了解团号、寄存日期等信息。

（2）了解客人需要

①是短期寄存（24 小时内），还是长期寄存（超过 24 小时）。

②问清行李中是否有特殊物品，并作好记录。

（3）检查行李

①礼貌地询问客人所寄存物品的种类，向客人说明贵重物品、易燃、易爆、易碎、易腐烂的物品或化学腐蚀剂、剧毒品、枪支弹药等违禁物品不能寄存。

②检查每件行李是否上锁，未上锁行李原则上不能寄存。检查每件行李的破损情况。

（4）办理手续

①请客人填写一式两份的行李寄存单（表3.6），或由客人口述，行李员代为填写（内容包括客人的姓名、房号、行李种类、件数、有无破损及破损程度等），请客人过目后签字。

②行李寄存单的形式通常是由两份相同的表格组成，下面的一份交给客人，作为取行李的凭证，上面的一份系在所寄存的行李上，同时作好行李暂存记录。

（5）摆放行李

①将行李放入行李房中，分格整齐摆放。客人行李较多时，应用绳带串在一起并绑好。同一客人的行李要集中摆放。

②行李房要上锁，钥匙由行李领班或礼宾主管亲自保管。

表 3.6 行李寄存单
（正面）

```
日 期              时 间
DATE _____    TIME _____
姓 名
NAME _____
行李数目
LUGGAGE _____
房号
ROOM NO. _____
客人签署
GUEST' S IGNATURE:_____
行李员签署
BELLBOY'S SIGNATURE:_____
请注意看背面之条款
Note conditions on Reverse.
```

行李寄存单
（反面）

宾客须知
GUEST NOTE

　　如已签发此存放行李收条,绝不收取任何费用,但持有人应同意本饭店不负任何有关饭店之员工疏忽而造成的损失或破坏之责任,例如水浸、火烧、盗贼、虫蛀或其他意外等。如行李存放超过 6 个月,本饭店将会在不通知的情况下拍卖所有行李。本饭店有权将行李交给任何持有此收条的人士,且不需要身份证明。

　　No charge being inside for the receipt and storage of the property for which this check is issued. It is agreed by the holder in a accepting this check that the hotel shall not be liable for loss or damage to said property caused by negligence or the hotel or its employees or by water, fire, theft, moths or any other case. If property represented by this check is not called for within Six months, the hotel may, at its option, sell the same without person presenting this check without identification.

【任务 4】
★Mr. Steven wants to deposit his luggage. The bellboy checks it for him.

史蒂夫先生想寄存他的行李。行李员为他办理寄存手续。

【情景对话】

S：Mr. Steven

史蒂夫先生

B：Bellboy

行李员

S：I want to check my luggage.

我想要寄存我的行李。

B：Certainly, sir. You can check luggage here. Please go through the formalities.

当然可以,先生。你可以把行李寄存在这里。请您办一下寄存手续。

S：No problem.

没问题。

B：May I know your room number?

您是几号房的?

S：My room number is 1335.

1335 号房间。

B：When will you take them back, Sir?

您什么时候来取呢?

S：About 30 minutes later.

大约半小时以后。

B：OK, please sign your name here. Keep the luggage check card, and for drawing, please show the second half of this card.

好的,请在这里签个名。请保存好行李寄存卡,当您来取回行李时,请出示这张卡的下半联。

S：OK, thank you very much. Bye bye.

好的,非常感谢你。再见。

B：See you. Sir.

再见,先生。

【任务5】

★The guest would like to deposit luggage.

客人想要寄存行李。

★The clerk confirmed the guest's four pieces of luggage and time of three days to store them.

行李员确认客人寄存的行李共有 4 件，寄存时间为 3 天。

★There are some potteries in his bag.

客人有个包里装有陶器。

★The clerk handles this luggage check.

行李员处理了这次行李寄存。

【情景对话】

C：Clerk

行李员

G：Guest

客人

G：I'd like to store my luggage.

我想要寄存我的行李。

C：Of course. How many pieces of luggage do you have?

没问题。您有多少件行李需要寄存呢？

G：Just four.

4 件。

C：How many days would you like to store?

你想要寄存多少天呢？

G：for three days.

3 天时间。

C：OK, no problem. By the way, is there anything valuable or breakable in your bags?

好的，没有问题。顺便问一下，您包里有贵重物品或易碎物品吗？

G：There are some potteries in this bag.

这个包里有陶器。

C：I'm afraid you have to take it out. It's against our hotel policy.

恐怕您得把陶器拿出来，这是违反我们酒店规定的。

G：OK.

好的。

C：Please sign here. Please keep this claim tag well. You should show it to the bellman when you fetch your luggage.

请在这里签字。请保管好行李标签，当您取行李时，请向行李员出示它。

2) 行李提取服务程序与标准

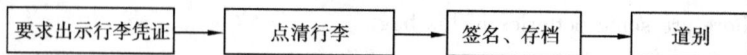

要求出示行李凭证	→	点清行李	→	签名、存档	→	道别

图3.7　行李提取服务流程图

（1）要求出示行李凭证

①客人提取行李时,先礼貌地请客人出示行李寄存凭证,然后与系在行李上的寄存卡核对,确保两部分完全吻合。

②如客人丢失寄存卡,一定要凭借足以证实客人身份的证件放行行李,并要求客人写出行李已取的证明。如不是客人本人来领取,一定要请其出示证件,并登记证件号码,否则不予放行。

（2）点清行李

当面点清行李件数,然后把行李交给持寄存凭证的客人。要当客人面清点核对行李,客人确认无差错后再将行李交给客人,同时收回行李牌。

（3）签名、存档

请客人签名、存档。礼貌地请客人在行李暂存记录上签名,将行李牌的上、下两联钉在一起,盖上"已取"章,存档。

（4）道别

①帮助客人运送行李至指定地方,向客人道别。

②如果需要客人等待时,应按行李寄存卡上的姓名称呼客人,请客人稍候。

【要点提示】

①请客人出示是住店客人的凭证,一般饭店只为住店客人提供免费的行李存取服务。

②收付行李时均应当着客人的面清点确认,并请客人签名,避免纠纷。

③提醒客人哪些物品不能寄存。

④寄存员应耐心、细致、热情、高效地为客人提供服务。

⑤小心移动、保管客人的行李。

【任务6】

★When Mr. Johnson comes back to the hotel, he takes one red bag and one blue bag.

约翰逊先生再次光临酒店时带有分别为红色和蓝色的两个包。

★Mr. Johnson left a suitcase in the hotel storeroom upon checking out last week.

约翰逊先生上星期结账离开时在酒店保管室存放一个手提箱。

★Mr. Johnson wants the clerk to send this suitcase up to his room with these two bags.

约翰逊先生需要行李员把这两个包和手提箱一起送去房间。

★The clerk handles this luggage claim.

行李员处理了这次行李提取。

【情景对话】

C：Clerk

行李员

G：Guest

客人

C：Good morning, Mr. Johnson. Welcome back to our hotel. Which of these bags are yours, sir?

早上好,约翰逊先生,欢迎再次光临我们酒店。先生,哪个是您的包?

G：The red one and the blue one. Oh, I left a suitcase in the hotel storeroom upon checking out last week. Can you send it up to my room with these two?

红色和蓝色的这两个包。哦,上星期我结账离开时在酒店的保管室里存放了一个手提箱,请你把这个手提箱和这两个包一起送到我的房间,好吗?

C：Certainly, Mr. Johnson. May I have the baggage receipt, please?

约翰逊先生,当然可以。请把保存行李的收据给我好吗?

G：Here it is.

给你。

C：Thank you. Just a moment, please. Sorry to have kept you waiting. Mr. Johnson. I've got your suitcase.

谢谢,请稍等。对不起,让您久等了。我把您的手提箱取来了。

G：Thank you for the trouble.

太麻烦你了。

C：Not at all. I'll send it up to your room together with the other two.

别客气。我会把它和您的另外两个包一起送到您房间。

G：Thanks a lot.

非常感谢!

C：It's my pleasure. Would you please follow me, Mr. Johnson?

很乐意为您效劳。请跟我来,约翰逊先生。

【任务7】

★The guest has lost his bag and receipt.

客人遗失了行李和收据。

★The guest has a description of his case：It's a suitcase, maybe red or something, and it's square with a leather cover. There is a green string around the handle.

客人描述了他的行李：是一个手提箱，大概是红色，它是方形的，表面是皮革的，手柄上有绿色带子。

★The clerk handles this luggage claim.

行李员完成了这次行李提取服务。

【情景对话】

C：Clerk

行李员

G：Guest

客人

G：I'm sorry, I've lost my bag and receipt. How can I do about it?

对不起，我遗失了我的行李和收据。我要怎么办呢？

C：I see. What is in your baggage? And do you remember your tag's number or color?

我知道了。你的行李是什么东西？还有您记得您的行李标签的数字或者颜色吗？

C：It's a suitcase, but I've forgotten the exact color. Maybe it is red or something.

它是手提箱，但是我已经记不得准确的颜色。可能是红色的。

C：Could you give me a description of your case?

您能描述一下您的箱子吗？

G：It's like this. It's square with a leather cover. Yes, I remember. There is a green string around the handle. That's right.

它是这样的。它是方形的，表面是皮革。对了，我记得手柄上有绿色的带子。就是这样的。

C：I'll check it for you… Sorry to keep you waiting. I've found it. Is this yours?

我帮您检查一下行李……对不起让您久等了。我找到一个好像是您的行李。

G：Yes, it is the right one.

对的,就是这个。

C：Will you show me your room card, please?

您能出示您的房卡吗?

G：here it is.

给。

C：All right . Now you can take your case away.

好了。现在您可以拿走您的箱子了。

第3单元　其他礼宾服务

Unit 3　Other Concierge Services

3.3.1　机场接客人

多数高星级酒店设店外迎接员或机场(车站)代表一职,即机场代表(Airport Representative),负责在机场、车站、码头迎接客人。机场代表在外出迎接客人时,手持一块写有酒店名称及客人姓名的告示牌——以引起客人的注意。牌子的正面应是中、英文对照的酒店名称,反面是客人的姓名,告示牌应该有半米左右长的把手,便于客人及时发现。

机场代表岗位职责:为客人提供店外接送服务,在机场或车站接送客人及办理客房预订,积极推销饭店商品,为客人提供信息服务。

机场代表应该特别注意自己的仪容仪表,举止言谈要温和得体,动作要迅速准确,要充分体现岗位工作的特点(即责任心、自觉性、灵活性、协调性和独立性)。

机场代表要随时把重要客人的情况(如尚未到达、已到达、在途中、推迟到达以及车型车号)通知酒店,以使酒店各部门做好接待的准备工作。

1)工作流程(图3.8)

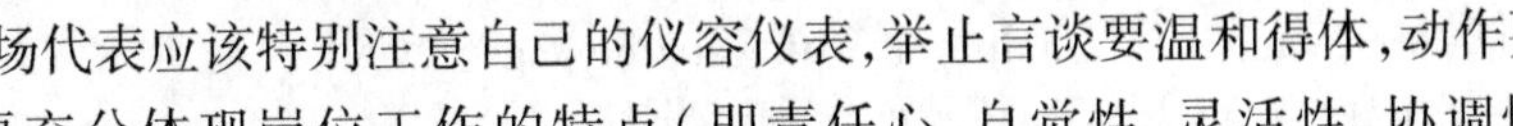

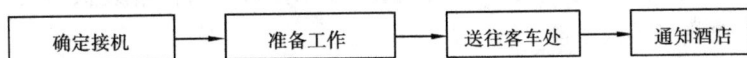

确定接机　→　准备工作　→　送往客车处　→　通知酒店

图3.8　机场接客人工作流程图

（1）确认接机

①每天早晨和中午在系统中打印接机报表,对礼宾部每天的车辆安排进行检查。

②根据报表接机时间在机场查询最新航班时间,每30分钟查看预期抵达时间,若有任何改变,更新接机报表,并通知礼宾部当班的员工。

（2）准备工作

①准备好打印有客人姓名、航班信息的接机牌,确保车辆在航班落地前10分钟到达机场。

②在航班抵达、客人出港时,站在出港口,举起告示牌迎接预订客人。

③看到客人朝着酒店迎接客人的告示牌走过来时,主动向客人点头示意并打招呼。

会话:Are you Mr. Wang from Beijing for the conference in Chongqing Hotel？

您是从北京来重庆酒店开会的王先生吗？

④待确认是在酒店预订的客人后,应向客人致欢迎词并介绍自己是某某酒店的机场代表。

会话:You are welcome, Mr. Wang. I am the airport representative of Chongqing Hotel. My name is Zhang Hua. Please call me Xiao Zhang.

王先生,欢迎您下榻重庆酒店。我是重庆酒店的机场代表,特意代表酒店欢迎您的光临。我叫张华,您就叫我小张吧。

（3）送往客车处

①如果客人携带行李,可提出帮客人拿行李的建议。

会话:Mr. Wang, can I help you with your luggage？

王先生,我来帮您拿这件行李,好吗？

（注意:不要与客人争抢行李,应该尊重客人自己的意愿。）

②引领客人到酒店客车停泊的位置,安排客人上车。

会话:Would you come this way, please？ Mr. Wang. The car is waiting for you.

王先生,请这边走,酒店的车在这边等您。

③在引领客人的途中可以与其礼节性地闲聊几句,使客人感到亲切自然。切记不要随意与客人攀谈。

会话:How about your trip, Mr. Wang？ We'd like to send you to the hotel at once. You may have a hot water bath in the hotel to relax yourself.

您旅途辛苦了,王先生。我们马上送您到酒店,您可以洗个热水澡,酒店的

客房能够使您得到很好的休息。

④到达酒店客车停泊的地方后,请客人上车,协助客人把行李放好。如果和客人一起乘车回酒店,途中可向客人介绍酒店的现有设施,便于客人了解情况。

(4)通知酒店

①打电话通知酒店礼宾部,客人已经在路上。

②确认细节,如客人乘坐的车辆、人数、行李数,以及客人离开机场的时间。

2)服务程序要点及注意事项

设计能够记住客人姓名的好方法,尤其是外国客人的姓名。在迎接时叫出他(她)的姓名,会使客人倍感亲切。

3.3.2 为客人叫出租车(图3.9)

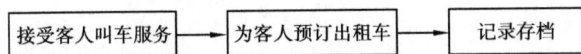

接受客人叫车服务 → 为客人预订出租车 → 记录存档

图3.9 叫出租车服务流程图

1)接受客人叫车服务

①客人要出租汽车,问清房号、目的地、要车时间、单程还是双程及车型等要求,复述要求并记录。

②如果住店客人离店要去机场或车站,问清客人钥匙归还情况。

③将客人用车情况与出租车公司调度联系,讲清要求,问明车号,将车号告诉客人。

④指引客人到大厅外等车,特殊情况要与司机讲清要求。

2)为客人预订出租车

①客人预约车,应问清要求,并提醒客人是否需要酒店专车,作好记录,并及时向调度预约,记下调度姓名。

②若客人预订次日用车,作好记录,由中班于22:00前统一向车队预订。

③若客人预订车到机场、车站,应问清航班或车次并注明。

④若客人预订酒店专车,应将价格告知客人,并向客人说明有关事项。

⑤收到前台预订处发出的派车单,及时请商务中心印制出迎接寻人牌。

3）记录存档

①将派车单送至酒店车队调度，请其签收，拿回一联存档。

②将派车单内容记在用车日期前一天的礼宾部交班本上。

【任务 1】

★The guest needs the clerk to arrange a taxi for him tomorrow.

客人需要接待员明天帮他预订一辆出租车。

★The guest is leaving for Beijing at 7:00 a. m. tomorrow morning.

客人第二天早上 7 点动身去北京。

The clerk handles this taxi booking.

★接待员处理了这次预订出租车服务。

【情景对话】

C：Clerk

接待员

G：Guest

客人

G：Could I ask for your help in arranging a taxi for me tomorrow?

请你明天帮我安排一辆出租车好吗？

C：Certainly… Where would you like to go?

当然……您要去哪儿？

G：I need to go to Beijing tomorrow.

我明天要去北京。

C：Is that just one way or will you be needing the taxi all day?

只是单程呢还是需要用一整天？

G：One way.

单程。

C：OKay. And what time would you like to start out?

好的，您什么时候动身？

G：7:00 in the morning.

明天早上 7:00.

C：That's fine. I'll arrange a taxi for you for 7:00 a. m. tomorrow, and then I'll call you to confirm it.

好的。我为您安排一辆明早 7:00 的出租车,并打电话给您确认一下。

【任务 2】

★The guest will go to the airport very early tomorrow morning, so the clerk needs to arrange a taxi for him in advance.

宾客明天很早就要去机场,所以接待员需要提前为他安排一辆出租车。

★The clerk calls the guest that a taxi will be waiting to take him to the airport at 6:00 tomorrow morning.

接待员打电话告知宾客出租车将在明早 6 点送他去机场。

★It should be about 60 yuan to the airport.

乘出租车去机场大约需要 60 元。

★The clerk handles this airport taxi booking.

接待员处理了这次送机场出租车预订服务

【情景对话】

C: Clerk

接待员

G: Guest

客人

G: I need to go to the airport very early tomorrow morning. Could you arrange a taxi for me in advance? I'm afraid I won't be able to find one on the street at 6:00 in the morning.

我需要明天很早就到机场,你能提前为我安排一辆出租车吗? 我担心早上 6:00 的时候在街上打不到出租车。

C: Certainly. So you'd like a taxi for 6:00 a. m. ?

当然。您想在明晨 6:00 的时候要一辆出租车吗?

G: Yes.

旅客:是的。

C: OKay. I'll arrange a taxi for you, and then confirm it for you.

好的,我会为您安排一辆出租车,然后给您打电话请您确认一下。

G: Thanks very much.

非常感谢。

C: Hello, Mr. Konnor? This is Reception. A taxi will be waiting to take you to the airport at 6:00 tomorrow morning.

您好,康纳先生吗? 这里是前台接待处。出租车将在明天早上 6:00 等着接您去机场。

G:Great. And how much will it be?

太好了,大约多少钱?

C:To the airport it should be about 60 yuan.

去机场大约需要 60 元。

本章主要概念

1. 礼宾服务(Concierge)

2. 门童 (Doorman)

3. 行李服务(Bellmen Services)

4. 机场代表(Airport Representative)

同步测试(仅针对知识)

1. 假设你是礼宾部主管,安排两个同学模拟为客人叫出租车服务,并进行记录。

2. 对话设计。

C:Clerk

G:Guest

G:Could I ask for your help in arranging a taxi for me tomorrow?

C:_____.

G:I need to go to Beijing tomorrow.

C:Is that just one way or will you be needing the taxi all day?

G:One way.

C:OKay. _____.

G:7:00 in the morning.

C:That's fine. _____,

and then I'll call you to confirm it.

本章综合实训

实训1

实训目标:通过角色扮演编排对话,完成一次行李员为散客抵店的行李服务。

实训资料:假设你是香格里拉酒店的一名行李员,接待一名从广东来住店的散客王小姐。王小姐带有1个手提箱2个行李箱,根据以上资料编制一段情景对话,并进行表演示范。

实训要求:对话编排应体现行李员工作的服务流程,逻辑结构清晰;对话中使用服务行业常用礼貌用语。

实训指导:该案例是关于行李员的散客抵店行李服务,王小姐一人带有3件行李,行李员在接待过程中要积极主动。在引领过程中,可以给王小姐介绍酒店的粤菜餐厅和美发中心等符合广东女性客人生活习惯的服务项目。

实训2

实训目标:通过角色扮演编排对话,完成一次机场代表接机服务。

实训资料:假设你是金龙饭店的一名机场代表,接待一名从北京来的客人李先生。李先生第一次到昆明来旅游,根据以上资料编制一段情景对话,并进行表演示范。

实训要求:对话编排应体现机场代表工作的服务流程,逻辑结构清晰;对话中使用服务行业常用礼貌用语。

实训指导:该案例是关于机场代表的接机服务,李先生第一次到昆明来旅游,机场代表在接待过程中代表着昆明给客人的第一印象,所以在服务过程中应特别注意自己的着装整洁、言谈举止符合礼节。在引领过程中,可以给李先生适当介绍昆明概况和风土人情,对于李先生的提问要耐心解答。

学习评价

▲职业核心能力测评表

(在□中打√,A:通过,B:基本通过,C:未通过)

职业核心能力	评估标准	自测结果		
自我学习	1. 能进行时间管理	□A	□B	□C
	2. 能选择适合自己的学习和工作方式	□A	□B	□C
	3. 能随时修订计划并进行意外处理	□A	□B	□C
	4. 能将已经学到的东西用于新的工作任务	□A	□B	□C
信息处理	1. 能根据不同需要去搜寻、获取并选择信息	□A	□B	□C
	2. 能筛选信息,并进行信息分类	□A	□B	□C

续表

职业核心能力	评估标准	自测结果
与人交流	1. 能把握交流的主题、时机和方式 2. 能理解对方谈话的内容,准确表达自己的观点 3. 获取并反馈信息	□A　□B　□C □A　□B　□C □A　□B　□C
与人合作	1. 能挖掘合作资源,明确自己在合作中能够起到的作用 2. 能同合作者进行有效沟通,理解个性差异及文化差异	□A　□B　□C □A　□B　□C
解决问题	1. 能说明何时出现问题并指出其主要特征 2. 能作出解决问题的计划并组织实施计划 3. 能对解决问题的方法适时作出总结和修改	□A　□B　□C □A　□B　□C □A　□B　□C

学生签字:　　　　　教师签字:　　　　　　　20　年　月　日

▲专业能力测评表

(在□中打√,A:掌握,B:基本掌握,C:未掌握)

业务能力	评价指标	自测结果	备　注
礼宾知识	1. 准确掌握礼宾部接待服务 2. 使用礼宾部常用英语	□A　□B　□C □A　□B　□C	
对话编排	1. 内容符合前厅部基础服务 2. 内容完整充实 3. 对话流畅,用词准确 4. 语音、语调、语速	□A　□B　□C □A　□B　□C □A　□B　□C □A　□B　□C	
综合评价	1. 服装、道具准备情况 2. 身体语言 3. 自信、情绪饱满	□A　□B　□C □A　□B　□C □A　□B　□C	
其他			
教师评语:			
成　绩		教师签字	

第4章 前 台

Chapter 4　Reception

【职业能力目标】

专业能力

★ 按照岗位工作流程完成前台服务工作。

Handle all kinds of reception in accordance with working procedures of reception.

★ 注意前台的职业形象和接待技巧。

Pay more attention to occupation image and reception skills.

职业核心能力

★ 具备与客人进行口头交流的能力。

Possess the ability of oral communication with guests.

★ 具备熟练运用酒店管理信息系统的能力。

Possess the ability of making use of hotel management information system.

★ 具备外币兑换的能力。

Possess the ability of exchanging foreign currency.

★ 具备与酒店其他部门沟通的能力。

Possess the ability of communication with other departments of the hotel.

前台作为酒店的第一接待部门,是最先对客人产生影响并提供服务的部门。一家酒店的效率以及利润的创造,基本上都是从这里开始的。

The hotel reception is the first department which makes an impact on guests and serves the guests. The hotel's efficiency and profits are created by the reception basically.

前台的工作主要包括接待及客房销售、登记入住、退房及费用结算、客人答疑及外币兑换业务。另外,前台作为客人直接接触的部门,所以客人的很多要求并不会直接向楼层服务员提出,而是选择他们最先接触的部门——前台,因此前台还要作为整个酒店的协调中心进行工作。

The jobs of the reception include reception, room sales, check-in, check-out, answering inquiries and foreign currency exchange. In addition, the reception is the department that the guests can contact directly, a lot of guests do not only ask the floor attendants for help, but also the reception clerks, so the reception is the coordination center of the hotel.

【本章的知识体系】

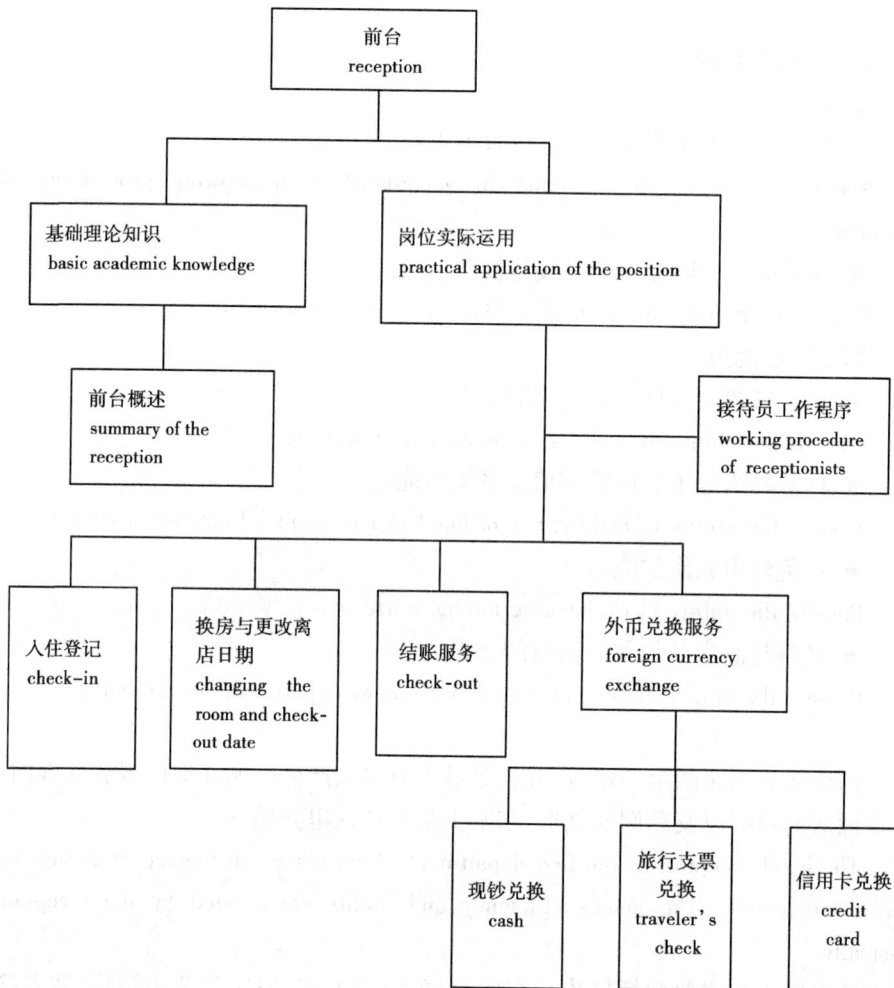

部门词汇荟萃

Reception　总台　*n.*

lobby　大厅　*n.*

check-in　入住登记　*n.*

check-out　结账服务　*n.*

market price　市价　*n.*

cashier's desk　兑换处　*n.*

coin　硬币　*n.*

check-out time　退房时间　*n.*

price list　价目表　*n.*

check　支票　*n.*

sign　签字　*v.*

form　表格　*n.*

tip　小费　*n.*

luggage office　行李房　*n.*

postpone　延期　*v.*

cancel　取消　*v.*

traveler's cheque　旅行支票　*n.*

pay　付款　*v.*

fill　填写　*v.*

note　纸币　*n.*

identification card　身份证　*n.*

rate of exchange　兑换率　*n.*

charge　收费　*v.*

bill　账单　*n.*

deposit　押金　*n.*

procedure　手续、程序　*n.*

reasonable　合理的　*adj.*

keep　保留、保存　*v.*

accept　接受　*v.*

procedure fee　手续费　*n.*

B & B　家庭式酒店　*n.*

boutique hotel　精品酒店　*n.*

resort　度假村　*n.*

king-size　特大号床　*n.*

queen-size　大号床　*n.*

twin beds　双床房　*n.*

single bed　单床房　*n.*

double room　双人间　*n.*

single room　单人间　*n.*

suite　套房　*n.*

studio suite　公寓套房　*n.*

adjoining room　相邻房　*n.*

connecting room　连通房　*n.*

cancellation　取消　*v.*

block（预告锁房）：指为了把某间房能够保留下来,而提前把此房间在某日锁起来,使其在该时间段显示被占用,有利于控制房间的预售

confirmation　确认　*n.*

corporate rate　公司合同价　*n.*

early arrival　提前抵达　*n.*（在下午两点以前到达酒店办理入住手续的客人）

extension　续住　*n.*（经过批准后的客人延长居住）

extra bed　加床　*n.*

house use room　酒店自用房　*n.*（它通常包括三方面内容:酒店高层管理员工短期或长期使用客房;客房短期用作仓库;客房用作办公室）

log book　交班本　*n.*

net rate　净价　*n.*（指不含服务费的房价价格）

out of order　坏房　*n.*（指因为需要整修或进行大装修而不能出售的房间）

register　登记　*v.*

register card　登记卡　*n.*

room rate　房价　*n.*

room type　房型　*n.*

rooming list　住客名单　*n.*（旅行社寄给酒店的团体客人的分房名单）

travel agent　旅行社　*n.*

upgrade　升级　*v.*（指基于某些方面的原因,酒店安排客人住高一档价格的房间,而仅收原来的价格）

vacant room　空房　*n.*（房间空的,且能马上出租的）

部门句型荟萃

1. Welcome to Shanxi World Trade Hotel. I'm…, what should I call you, please?

欢迎光临山西国贸大饭店。我是……,请问我该怎么称呼你呢?

2. Good morning/afternoon/evening, sir/madam. What can I do for you?

先生/女士,你好! 请问我能为您做点什么?

3. My name is …, is there anything else I can do for you, just let me know.

我叫……,如果还需要我为您做些什么,请告诉我。

4. If you have any problems, please feel free to contact us.

如果您有任何需要,请随时联系我们。

5. Have you made a reservation? Have you booked the room? /Are you the VIP?

请问有预订吗? /请问您是会员吗?

6. What kind of room would you like?

请问您需要什么类型的房间?

7. Sorry, I don't quite understand.

对不起,我不是很明白。

8. I'm afraid we've fully booked at the moment.

抱歉,我们现在房间已订满了。

9. Because you are checking out two days early, you need to give us two cash vouchers back.

您比原定退房的时间提前了两天,所以我们需要收回两张现金券。

10. There is a great garden and a pond behind the hotel, which is suitable for exercise and having a walk.

酒店后面有很漂亮的花园和水塘,那里是非常适合跑步和散步的地方。

11. This money is damaged. I'm afraid we can't change it, which is according to the hotel rules.

您的钱(纸币)上有裂口(污迹),按酒店的规定,我们不能为您兑换。

12. I'm sorry that you could not get cash by credit card here. I can book a car to take you to the bank to get some cash.

不好意思,酒店规定不可以用信用卡来套取现金,如果您需要,我可以安排车送您去银行(ATM 机上)提取现金。

13. What denominations would you like?

你想要什么面值的人民币呢?

14. I'm sorry, but we do not accept the dollars with CB.

对不起,我们这里不收 CB 版的美金。

知识库 4-1

前台常用英文缩写介绍

1. VC	Vacant Clean	空的干净房/可卖房
2. VD	Vacant Dirty	空的脏房
3. OC	Occupied Clean	住客干净房
4. OD	Occupied Dirty	住客脏房
5. PMU	Please Make Up	即扫
6. DND	Do Not Disturb	请勿打扰
7. OS	Out Of Service	维修房(小)
8. OOO	Out Of Order	维修房(大)
9. ECO	Expectative Check Out	预退房
10. D/L	Double lock	双锁房
11. S/O	Sleep Out	外睡房
12. R/S	Refuse Service	拒绝服务
13. LSG	Long Staying Guest	长住客
14. VIP	Very Important Person	重要客人(贵宾)
15. N/B	No Baggage	无行李
16. L/B	Light Baggage	少行李
17. C/O	Check Out	离店结账
18. C/I	Check In	入住登记
19. D/U	Day Use	小时房
20. H/U	House Use	自用房

第1单元 前台员工工作流程

Unit 1 Working Procedure of the Receptionist

1.1.1 早班工作流程

07:55 换好工服,化妆,签到。

08:00—08:10 了解住宿情况及重要事项。

08:10—08:30 交接班,了解房态、清点账目,仔细阅读交班本(钥匙、预订、叫醒、行李、退房、VIP 及团体、餐券等)。

08:30—11:45 接待宾客(办理入住、退房、续房、换房、预订、问讯、查询、行李寄存、处理基本投诉等各种手续,给客人提供各种力所能及的服务。随时与楼层保持联系,掌握房态变化,合理分配房间)。

11:45—12:00 配合收银向客人询问是否续住,关注客人消费情况,保证房间账户有足够押金,帮助客人办理续房手续。

12:00 午餐。

12:30—15:30 检查、更新房态,确保房态准确。接待宾客(重点催收房费)。

15:30—16:00 作交接班准备。

4.1.2 中班工作流程

16:50—17:00 阅读交班记录,看是否有上一班未完成需要接替进行的工作,详细了解当天的重要指示及通知,点清交班物品及资料,寄存物品并记录。

查看订房表,了解订房客人抵店情况和房态并核对房态是否相符,了解可卖房和上班售房情况,了解当天离店客人是否离店,注意押金不足及 S/O 的情况,征询值班经理是否作相应处理,预留一定数量的房间,出售日间房。

17:00—18:00 为散客、日间房和 late check out 的客人结账。

18:00—23:00 为客人办理入住手续,接受客人预订并告知客人预订保留时间,负责检查预订到店的跟进情况,随时注意房态变化。

23:00 核对房卡等其他交班物品。在交班本上记录当班未完成事件及特殊事项。

4.1.3 夜班工作流程

23:00—24:00 准时到前台交班,阅读笔记,了解夜间抵店情况,处理上一班未处理事宜。

24:00—3:00 归档当日预订单,入住登记单,房态表,并接待夜间到店散客。

3:00 做好交班笔记,清点房卡等交班物品。

3:25 检查前台所有表格和单据是否充足,将不充足的单据或表格下申请单,交次日主管补充。

6:00—8:00 检查叫早时间和执行情况并准备好交接工作。

第 2 单元　入住登记

Unit 2　Check-in

4.2.1　酒店接待员的工作程序(图4.1)

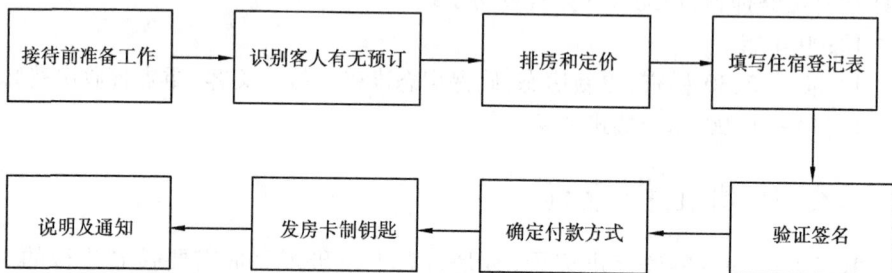

图 4.1　接待员工作流程图

1)接待前准备工作

①查阅较为具体的房态报告,掌握酒店可出租的客房数量。

②核对预抵店客人名单,掌握即将到店客人的基本信息。

③查阅宾客历史档案,了解宾客消费习惯。

④查阅特殊要求预抵店客人名单,掌握不同客人的特殊要求,并通知有关部门作好接待准备。

⑤查阅预抵店重要客人名单,按照酒店要求提供特别的服务和礼节,并通知相关部门作好接待准备。

⑥查阅黑名单,可以不予接待名单中人员。

⑦准备入住登记的表格、用具、钥匙,查看客人是否有提前到店的邮件。

2)识别客人有无预订

①对于预订的客人,复述预订内容,请其出示有效证件,填写登记表。

②对于没有预订的客人,询问客人要求,查询电脑,推销客房,办理登记。

3)排房和定价

①确定排房顺序。

②注意排房的方法和技巧。

4) 填写入住登记表

①注意入住登记表的分类及适用人群。

②协助客人填写登记表。

③若客人不愿意填写,可代替客人填写登记表,但是必须让客人亲自签字确认。

5) 验证签名

①礼貌请求客人出示有效证件:身份证(我国 14 岁以上公民)、护照(外籍宾客)、台胞证、旅行证及出入境通行证(台湾同胞)、回乡证(港、澳同胞)。

②验证、扫描,注意核对照片、姓名、性别及有效期。

③验证人员签名。

6) 确认付款方式

①询问客人付款方式。

②请客人填写押金单,并且签字。

7) 发房卡,制钥匙

①填写房卡。

②制钥匙。

③将证件返还给客人。

8) 说明及通知

①向客人说明房费是否含早餐,餐厅的位置、用餐时间,贵重物品寄存等。

②通知客房部。

1.2.2 为预订客人办理入住登记

每个酒店的入住客人都分为预订客人和无预订客人,而预订客人每天都会占很大的一部分,所以预订管理对酒店管理来说也是一个大项。对预订客人的管理中,要包括散客、团体客人作预订以及为预订客人排房;同时要为客人作取消预订、等候预订、未到预订等处理。另外对于团体预订客人,要做好客人的入住登记工作(图4.2),这一切都是预订管理的重要工作。

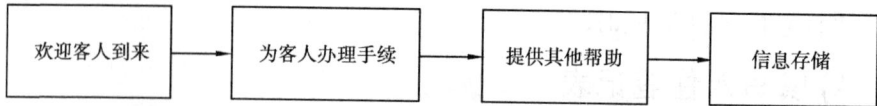

图4.2　预订客人入住登记流程图

1) 欢迎客人到来

①当客人抵达酒店时,首先表示欢迎。

②工作繁忙时,应向客人致意,请客人稍等片刻,并表示会尽快提供服务;如果客人等待时间较长,应向客人致歉,迅速办理手续。

③在电脑中找到预订,可通过人名、订房人、订房日期等进行查询,必要时取出订单逐张进行查找,或与营销处进行联系,不要轻易对客人说没有订单。

2) 为客人办理手续

①请客人在登记表(表4.1)上填写相关内容(或帮助客人填写),确认付款方式,并请客人在登记表上签字。

表4.1　散客住宿登记表
GUEST REGISTRATION FORM

房号 Room No.　　　房租 Rate　　　接待员 Receptionist

姓名 Name		性别 Sex	年龄 Age	工作单位 Company	职业 Occupation
户口地址 Address				从何处来 From	
身份证和其他有效证件名称 Identification				证件号码 Document No.	
抵店日期 Arrival date				离店日期 Departure date	
同宿人 Companion	姓名 Name	性别 Sex	年龄 Age	关系 Relationship	备注 Remarks

续表

请注意 Note： 1. 退房时间是中午 12：00 Check-out time is 12：00. 2. 来访客人请在晚上 23：00 前离开房间 Visitors should leave the room before 23：00. 3. 离店请交回钥匙 Return the key when you check out. 4. 房租不包括房间的饮料费用 Beverage is not included in the rate.	离店时我的账目结算将付： Check out with： 现金 Cash 旅行社结算 Travel agency 信用卡 Credit card 客人签名： Signature：

备注：

Remarks：

②核对客人身份证、护照的号码及签证、信用卡有效日期。

③分配房间后应再次确认房价和离店日期，把填写好的房卡与钥匙交给客人。

3) 提供其他帮助

①在办理入住手续过程中，要查看客人是否有留言，还要查看传真及电脑中注明的特殊要求和注意事项。

②入住手续办理完毕后，将房卡交给行李员带房，如果客人不需要行李员，可告知客人电梯所在位置，并祝客人入住愉快。

4) 信息存储

①接待客人完毕后，立即将有关信息输入电脑，包括客人姓名的正确拼写、地址、付款方式、护照号、离店日期等。

②把房租、付款方式、旅游状况等信息记录在登记表上。

③检查信息的正确性，并办理入住客人的客史档案。

注意事项：

①入住时，接待员要解释清楚房价，特别是凌晨特价、钟房价和之后续住房价。

②会员卡、贵宾卡一般入住时出示有效，否则无效。（接待员修改房价一定要注明原因，开房价变更单。）

③住宿登记单上要遵循住几个人写几个人名字的原则，以便开门。入住时

要询问客人住几天,以便刷几天的房卡,收几天的押金。同时,电脑上时间也要与此一致,以方便查询。

④一起入住的客人押金单分开写,登记单也要分开写。

⑤客人入住要主动询问客人是否要保密,电话查询要询问客人是否要转接,不要告知房号。

⑥有过生日的客人或 VIP 入住,要及时通知房务中心。

【任务 1】

★A clerk welcomes guest to the hotel.

接待员欢迎客人入住酒店。

★The clerk confirms with guest if he/she has a reservation with the hotel according to the name and the booking time.

通过名字和预订时间来确认客人有无预订。

★The clerk handles the check-in.

接待员为客人办理入住登记。

【情景对话】

C: Clerk

接待员

G: Guest

客人

C: Good afternoon, sir. Welcome to our hotel. May I help you?

先生,早上好,欢迎光临我们酒店,有什么需要我帮忙的吗?

G: Yes, I'd like to check in, please.

是的,我想要入住酒店。

C: Certainly, sir. May I have your name, please?

好的,先生。能告诉我您的名字吗?

G: It's Robert Stone.

罗伯特·斯登。

C: Do you have a reservation with us, sir?

先生,你预订了吗?

G: Yes, for tonight.

是的,预订的是今晚。

C: Just a moment please…Thank you for waiting, sir. Your room is 543 on the 5th floor. Just a moment please, a bellman will show you to your room. I hope you will enjoy your stay.

请稍等……很抱歉让您久等。你的房间是 5 楼的 543。请稍等,行李员将送您到房间,祝您入住愉快!

4.2.3 为无预订客人办理入住登记(图 4.3)

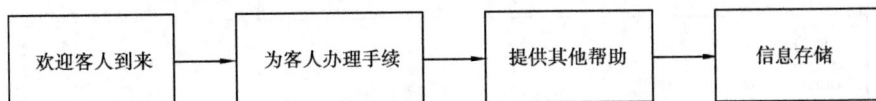

```
┌─────────────┐   ┌─────────────┐   ┌─────────────┐   ┌─────────────┐
│  欢迎客人到来  │──▶│  为客人办理手续 │──▶│  提供其他帮助  │──▶│   信息存储   │
└─────────────┘   └─────────────┘   └─────────────┘   └─────────────┘
```

图 4.3 无预订客人入住登记流程图

1) 欢迎客人到来

①当客人抵达酒店时,首先表示欢迎。

②了解客人的用房要求,根据酒店客房出租情况确定可否安排客人住宿。若酒店客满,可征求客人意见,询问是否可帮其联系其他酒店。

③若酒店有空房,则向客人介绍可供出租的客房种类和价格,确认客人能接受房价、折扣、种类及离店日期。

2) 为客人办理手续

①请客人在登记表(表 4.2)上填写相关内容(或帮助客人填写),确认付款方式,并请客人在登记表上签字。

表 4.2 临时住宿登记表

REGISTRATION FORM FOR TEMPORARY RESIDENCE

PLEASE WRITE IN BLOCK LETTERS

英文姓 Surname	英文名 First Name	性别 Sex
中文姓名 Name in Chinese	国籍 Nationality	出生日期 Date of Birth
证件种类 Name of Document	证件号码 Document No.	签证种类 Type of Visa

续表

签证有效期 Valid of Visa	来店日期 Date of Arrival	离店日期 Date of Departure
接待单位 Received By		房号 Room No.
工作单位 Company		
永久地址 Permanent Address		
Check out with: 结账方式: Cash 现金 Traveler's Check 旅行支票 Credit Card 信用卡 TA Voucher 旅行社凭单 Others 其他 备注: 退房时间为中午 12 时整,无论任何情况下,本人同意支付所有账目。金钱、珠宝及其他贵重物品必须放置在客房保险箱内,若因个人疏忽或不小心造成遗失,酒店恕不负责。 Check-out time is 12:00 at noon. Regardless of any situation, I agree to pay all of the accounts. Money, jewels and other valuables should be placed in the room safe, the hotel will not be responsible for the loss due to negligence or carelessness of the guest.		Room Rate 房价 Clerk Initial 职员签名 Guest Signature 宾客签名: Remarks 备注:

②核对客人身份证、护照的号码及签证、信用卡有效日期。

③分配房间后应再次确认房价和离店日期,把填写好的房卡与钥匙交给客人。

3)提供其他帮助

①在办理入住手续过程中,要询问客人是否有特殊要求。

②入住手续完毕后,将房卡交给行李员带房,如果客人不需要行李员,可告

知客人电梯所在位置,并祝客人入住愉快。

4)信息存储

①接待客人完毕后,立即将有关信息输入电脑,包括客人姓名的正确拼写、地址、付款方式、护照号、离店日期等。

②把房租、付款方式、旅游状况等信息记录在登记表上。

③检查信息的正确性,并办理入住客人的客史档案。

注意事项:

若在酒店出租率较高时,遇到没有预订的客人入住,必须向主管汇报,由主管决定是否接受无预订客人入住。如客人是酒店公司卡客人,必须请其出示印有该客人姓名的公司卡,查询客人的历史记录及公司折扣,与客人确认房价及退房日期、付款方式等。须向客人解释卡上的注意事项,并在房卡上签名,同时把客人资料正确输入电脑并记录在入住登记表上。

【任务 2】

★A clerk welcomes a guest to the hotel.

接待员欢迎客人入住酒店。

★The guest needs to have a single room, but she has not booked.

客人需要一个单人间,但是她没有预订。

★The hotel is fully booked.

酒店没有空的房间。

★The guest wants the clerk to recommend another hotel that won't be full up.

客人想要接待员推荐其他有房间的酒店。

【情景对话】

C：Clerk

接待员

G：Guest

客人

C：Good afternoon, madam. May I help you?

下午好,女士,有什么需要我帮忙的吗?

G：Can I have a single room, please?

请给我一个单人间。

C：Have you got a booking, madam?

女士,您预订过吗?

G：I'm afraid I haven't.

没有。

C：I'm very sorry, madam. The hotel is fully booked.

对不起,女士。酒店全被预订完了。

G：Oh, dear, could you recommend another hotel that won't be full up?

哦,天哪,你能推荐另外一家有房间的酒店给我吗?

C：You could try the Great Wall. Would you like me to ring them for you?

您可以试试长城酒店。您愿意的话我可以为您打电话给他们。

G：That's very kind of you.

你真是太好了。

C：Would you mind writing down your name, madam?

您介意写下您的名字吗,女士?

……

Hello, is this the Great Wall hotel? Have you got a room available?

你好,这是长城酒店吗? 还有房间吗?

Good, would you book it in the name of…? She'll be along in about twenty minutes.

好的,用……名字预订一个房间,她大约20分钟后到。

G：Thank you for your help.

谢谢你。

C：My pleasure, madam.

很高兴为您服务,女士。

G：Can I get a taxi from here?

我在这儿能打到出租车吗?

C：Yes, madam, just in front of the hotel.

可以的,女士,就在酒店前面就可以。

1.2.1 为团队办理入住登记(图4.4)

图4.4　团队入住登记流程图

1）准备工作

①在团队抵达前,应准备好团队的钥匙,并与客房部联系,确保所有房间为OK房。

②根据团队要求提前分配好房间,并备好早餐券等。

③根据客房部通知提前撤(或设置)酒水,关闭(或开启)长途电话。

2）为客人办理手续

①当团队抵达酒店时,首先表示欢迎。

②与领队确认房间数量,并将房间钥匙交给领队。

③与领队确认人数、早餐、叫醒时间、收行李时间及离开时间。

④检查有效证件,由领队发放钥匙,并告知客人电梯所在位置。

⑤接待人员应协助领队发放钥匙。

⑥在电脑中将该团房间改为入住状态,并通知管家部该团队已到达。

3）提供其他帮助

①在办理入住手续过程中,要查看传真及电脑中注明的特殊要求和注意事项。

②入住手续办理完毕后,将房卡交给行李员带房,如果客人不需要行李员,可告知客人电梯所在位置,并祝客人入住愉快。

4）信息存储

①及时把有关资料输入电脑。

②把有关资料全部记录在团体资料表格(表4.3)上,把团体资料表格全部派发有关部门,如询问处、管家部、总机、礼宾、前台收银等。

注意事项:

①将团队预订单交收银留存,特别是注明结账方式的单子。

②销售部送来的团队单必须确认入住时间、酒吧、长途电话情况,提前1～2天通知房务中心。销售部的订房尽量给予满足(销售部领导有特殊优惠的权限),并将团队免费房安排至副楼。

表4.3　团队客人住宿登记表
GROUP REGISTRATION FORM

团队名称　　　　　　　　日期
NAME OF GROUP　　　　　DATE

房号 Room No.	姓名 Name	性别 Sex	证件号码 Certificate No.	地址 Address	杂费押金 Incidental Deposit	签名 Signature

接待员：
Receptionist：

知识库 4-2

排房注意事项

1. 排房的顺序
①团队客人。
②重要客人(VIP)和常客。
③已付订金的保证类客人。
④要求延期之预期离店客人。
⑤普通预订客人,并有准确航班号和预抵时间。
⑥无预订之散客。

2. 排房艺术
①要尽量使团体客人住在同一楼层和相近楼层。
②对于残疾人、老年人和带小孩的客人,要尽量安排在离服务台和楼梯较近的房间。
③把内宾和外宾安排在不同的楼层。
④对常客和有特殊要求的客人给予照顾。
⑤不要把敌对客人安排在同一楼层或相近的房间。
⑥要注意房号的忌讳。

【任务3】

★The guest has reserved two single rooms tonight.

客人预订了今晚的两个单人间。

★The clerk gives guests the forms, but one of guests looks puzzled by the form.

接待员把登记表拿给客人填写,但其中一个客人看着表格很迷惑。

★The clerk helps the guest to fill in the Registration Form.

接待员帮助客人填写表格。

★The clerk handles the check-in.

接待员处理了这次入住登记。

【情景对话】

C: Clerk

接待员

G: Guest

客人

C: Good afternoon, sir. May I help you?

下午好,先生。需要我帮忙吗?

G: Yes, we have reserved two rooms for tonight. The name is Cliff.

是的。我们预订了今晚的两个房间。名字是克里夫。

C: One moment please, sir...Yes, that was two single room.

先生,请稍等。是两个单人间吧?

G: That's right.

是的。

C: Will you please register individually? (The clerk gives guests the forms. One of the guest looks puzzled by the form). Just put your surname here on the first line and then your first name. Here put your birth-date, and next to that, put your place of birth. Under that, write your nationality, and on the bottom line put your home address. And sign here.

请您分别填写登记表,好吗?(接待员把表格给客人,其中一个客人很迷茫地看着表格)第一行这里填写您的姓,然后是您的名。接下来填您的出生日期,再往后是出生地点。在下面填写您的国籍,然后在最下面的线填上您的家庭住址,最后在这里签字。

(Guests fill in the forms.)

宾客填好表格。

Could I see your passport please?

请把护照给我。

(Clerk checks passport and gives them back.)

接待员检查护照后将其归还客人。

C：Thank you. I hope you will enjoy your stay.

谢谢。祝您入住酒店愉快。

第3单元　换房与更改离店日期

Unit 3　Changing the Room and Check-out Date

4.3.1　换房的工作程序(图4.5)

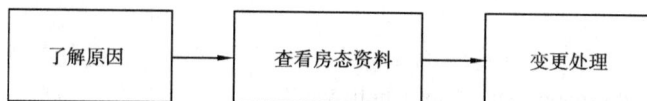

图4.5　换房工作流程图

客人在入住酒店后,可能对房间的楼层高低、房间大小、陈设布置等不满意,提出换房要求。或者因为客房设施损坏等原因需要给客人调换房间。

1)了解原因

①正在使用的房间在价格、大小、种类、噪声、舒适程度以及所处的楼层、位置、房号、朝向等方面不太理想。

②客房设备设施损坏或出现故障,维修需要时间较长。

③现住客要求续住,影响指定预订该房客人的入住。

④客人在住宿过程中,人数发生变化。

⑤其他接待任务。由于酒店方面的原因需要客人换房,接待员必须向客人解释清楚,求得客人的谅解与合作。

⑥酒店提供的房间类型、价格与客人的要求不符。

2)查看房态资料

①客人提出调换房间要求时,接待员首先要通过计算机查看客房房态资料,了解是否有符合客人需要的房间。如果暂时没有,则需向客人说明。若房间档次升高,则要加收房费(酒店自身原因要求客人换房时除外)。

②要对给客人带来的不便表示歉意。

3) 变更处理

①填写换房通知单,由行李生分送到收银处、管家处、总机等相关部门。这些部门应根据换房通知单修改资料,如管家部应对原住房进行检查,并对走客房进行清扫;总机要更改资料方便电话转接;收银接到通知后,要转移客人账单等。

②为客人提供换房时的行李服务。

③发放新的房卡与钥匙,由行李生收回原房卡与钥匙。

④接待员更改计算机资料信息,更改房态。

注意事项:

①接待员在接待订房客人时,应复述其订房要求,以获得客人确认,避免客人误解。

②房卡上填写的房价应与订房资料一致,并向客人口头报价。

③如果无法向订房客人提供所确认的房间,则应向客人提供一间价格高于原客房的房间,按原先商订的价格出售,并向客人说明情况,请客人谅解。

1.3.2 离店日期的变更(图 4.6)

图 4.6 离店日期变更工作流程图

1) 客人提前离店

若客人要求提前结账离店,接待员应通知客房服务中心和前台收银协助处理,直接更改离店日期或退房,应注意收回多发的优惠券。

2) 客人延迟住宿

(1)旅行社订房或公司付费房延迟退房

①向客人重申付款方式、附加费用,若不能享受免费延迟退房,应向客人说明,必要时请示上级处理。

②修改系统中客人的入住资料,注明退房时间和付款方式。

③修改电脑资料,办理延迟退房手续。

（2）交预付金或预刷卡房间的延迟退房

①了解房间是否已结账。

②修改系统中客人的入住资料。

③对预付不够的客人,请客人到收银处交预付金。

④通知客房服务中心延迟退房。

知识库 4-3

退房时间说明

1. 国家对酒店退房规定是怎样的呢? 无论几点入住酒店,中午 12 点之前要退房,否则就要多掏腰包,这是执行多年的酒店业行规。而在最新公布的《中国旅游饭店行业规范》中,超过中午 12 点退房加收费用的规定被删除,意味着这个"国际惯例"成了历史。

2. 在中国旅游饭店业协会最新公布的《中国旅游饭店行业规范》(2009 年 8 月修订版)中,删去了"中午 12 点退房,超过 12 点加收半天房费,超过 18 点加收 1 天房费"的规定,取而代之的是:"饭店应在前厅显著位置明示客房价格和住宿时间结算方法,或者确认已将上述信息用适当方式告知客人。"

【任务 4】

★The guest puts forward to change the room.

客人提出要换房间。

★The reason of changing room is his neighbor kept singing and dancing all night. He was waken up in the mid-night.

客人换房的原因是他的邻居整晚又唱又跳,致使他半夜被吵醒了。

★The guest hopes to change the room right now.

客人希望马上换房间。

★The clerk handles the room changing.

接待员处理了这次换房。

【情景对话】

C：Clerk

接待员

G：Guest

客人

C：Good morning. Is there anything I can do for you?

早上好,我能为您做什么?

G：Of course, you can help me a lot. I want to change my room.

当然,你要帮我做一些事情,我要换房间。

C：May I know the reason, sir?

能告诉我原因吗,先生?

G：My neighbor kept singing and dancing all night. I was waken up in the midnight.

我的邻居整晚都又唱又跳,我在半夜就被吵醒了。

C：I'm sorry to hear that. May I know your name and room number?

我很抱歉。请告诉我您的名字和房号。

G：I'm Mr. Atwood, room 808 . I must change my room right now.

我叫阿特伍德,房号是808。无论怎样,我必须马上换房间。

C：I understand. What about 606? It's the same room rate and room type as yours. It faces the garden, peaceful and quiet.

我明白。606怎么样? 它和您的房间是一样的房价和类型,它面向花园,平和而安静。

G：OK, that would be great.

好的。那当然好了。

C：Please fill out the room changing sheet.

请填写房间更换申请表。

G：Here it is.

表格在这里。

C：Would you return your room key and your room card? And here is the key to room 606, and your room card.

您能退还原房间的钥匙和房卡吗? 这是606的钥匙和房卡。

G：Thank your, I've got a lot of baggage.

谢谢! 我有很多行李。

C：Don't worry, I'll call the bellman to take care of your baggage.

不用担心,我会让行李员来帮您拿行李。

G：Fine, that's very helpful of you.

好的,你帮了我大忙。

C：Not at all. Sorry to have caused you so much inconvenience. Wish you a good sleep today.

没什么的。很抱歉造成您那么大的不方便。祝您今晚睡个好觉。

第4单元　结账服务

Unit 4　Check-out

4.1　总台收银岗位的工作流程

①上班时间前5分钟到岗,进行交接班,阅读交接班簿并在上面签名。
②详细了解上一班客人的开房情况和交费情况。
③详细了解上一班的VIP住房情况和交费情况。
④开始一天的正常工作。
⑤在下班之前把工作环境的卫生清理好,然后进行交班。

4.2　结账流程

1)现金结账

(1)若消费金额在预收订金之内
①收回客人手里的暂收款凭证。
②开具现金退还传票,将凭证交给客人签字确认。
③将退还金额输入电脑,冲平。
④清点应退款金额后,将现金交客人清点,并将账单及发票转入结账信封呈客人,向客人致谢,并希望客人下次光临。
(2)若客人消费金额已超出押金金额
①打印账单后交客人确认、核对。
②礼貌告诉客人,押金数不足以支付费用,请客人再按账单余额付足其余费用。
③在收进现金后开具再收款凭证,若客人使用信用卡支付,可直接作为消费项目,交客人签字。
④将账单、发票、信用卡宾客联装入结账信封交给客人,感谢客人入住酒店,欢迎客人再次光临。

2)支票结账

①确认转账支票结账后,取出暂存的支票。

②检查支票的完整性及有效性:确认无任何问题,填写支票,注意要用碳素墨水和黑色墨水填写,字迹清楚、规范、正确。

③将账单、支票回执联、发票放入结账信封内,交递客人并致谢,欢迎客人再次光临。

④在备用金登记表上注销。

⑤将账单归类。

3) 信用卡结账

①信用卡过 POS 机作连线交易。

②请客人在打印的交易单上签字。

③核对持卡人签名。

④当着客人的面,将原有作担保的信用卡预售单撕毁或归还客人。

⑤将持卡人联、发票、账单放入结账信封内,交给客人并致谢,欢迎客人再次光临。

4.4.3　结账程序

1) 散客结账的程序(图 4.7)

图 4.7　散客结账流程图

(1)通知楼层

①客人结账时,应主动礼貌问好。

②当确认客人是要离店结账后,应立即通知楼层服务员(或服务中心)检查该客人房间的小酒吧等其他项目消费情况,催开消费单据或用电话报账。

(2)处理结账

①将客人房间账卡内的入住登记单、账单等资料全部取出。

②结账后在客人入住登记单上盖上"已结账"章,并在电脑里做"CHECK OUT",关闭国内外长途电话,防止漏账。

(3)交款编卡

①清点当班取得的现金支票、信用卡等,按款项类别分类填制缴款单,一式两联,送交总出纳员签收后,一联退还交款人备查。

②采用封包交款的,应将核对无误后填制的交款单连同现金支票、信用卡等装入特制的信封内封好,投入指定的保险箱内,并请在场的其他收银员在登记表上签字见证。

③把已离店结账或挂账的账单以及预付单据等按现金支票、信用卡等分类整理,并计算出每一类合计金额。

④编制收银员报告,与各类账单一起交夜审员审核,报告中要列明发票账单的使用情况。

2) 团队结账的程序(图4.8)

图4.8 团队结账流程图

(1)准备工作

当团队客人离店时,收银员提前半小时按团队接待通知的要求作好账单结算,打出总账单。

(2)核对账单

①当领队前来结账时,把总账单和账单凭证交给他们检查。

②若客人对账单有疑问,要耐心解释。

(3)结账

①按客人要求或预先约好的结账方式结算账款,使得账户上的借贷余额为0。

②若属客人自费的项目,请团队队员用现金自付。

【任务5】

★The guest wants to pay his bill now.

客人想要结账。

★His name is George Wright, and room number is 706.

他的名字是乔治·怀特,房号是706。

★The guest checks out by credit card, his consumption is 665 US dollars.

客人用信用卡结账,一共是665美元。

★The guest wants to deposit his luggage in the hotel, until he comes back at 3:00 p.m.

客人想把行李保存在酒店,直到他下午3点回到酒店。

★The clerk handles the check-out.

接待员处理了这次结账。

【情景对话】

C：Clerk

接待员

G：Guest

客人

C：Good morning, sir. Can I help you?

早上好,先生。需要我帮忙吗?

G：I'd like to pay my bill now.

我现在要结账。

C：Your name and room number, please?

请告诉我您的名字和房号。

G：George Wright, room 706.

乔治·怀特,706 号房间。

C：Yes, Mr. Wright. Have you used any hotel service this morning?

好的,怀特先生。今早您使用过酒店的其他服务吗?

G：No, I haven't.

没有,没有任何其他服务。

C：Fine, this is your bill, Mr. Wright. Four nights at 90 US dollar per night. And here are the meals that you had in the hotel. That makes a total of 665 US dollars.

好的,这是您的账单,怀特先生。房费每晚 90 美元,一共 4 晚。这是您在酒店用餐的账单,账单一共是 665 美元。

G：Can I pay by credit card?

我能用信用卡吗?

C：Certainly. May I have your card, please?

当然可以,请把卡给我。

G：Here you are.

给你。

C：Please sign your name here.

请在这里签名。

G：Oh, Yes. Is it possible to leave my luggage here until I'm ready to leave? I'd like to say Good-Bye to some of my friends.

好的。我可以把行李放在这里,直到我离开酒店吗? 我要跟一些朋友道别。

C: Yes, we'll keep it for you. How many pieces of luggage do you have?

可以的。我们将为您保管行李。您的行李一共有多少件?

G: Just three, I'll be back at 3:00 p.m.

只有 3 件。我下午 3 点回来。

C: That's fine. Have your nice day.

好的,祝您愉快。

G: Thank you. See you later.

谢谢,再见。

【任务 6】

★The guest wants to pay his bill now, and pays with traveler's check.

客人想要结账,并且是使用旅行支票支付。

★It's 6,212 Yuan all together including tax.

他的账单一共是 6 212 元,含税。

★The guest hopes to deliver his luggage to the airport in advance.

客人希望酒店能把行李提前送到机场。

★His flight number is CA1907. And his luggage should be delivered there by 4 o'clock.

他的航班号是 CA1907,他的行李应该在 4 点之前送到。

★The clerk handles the check-out.

接待员处理了这次结账。

【情景对话】

C: Clerk

接待员

G: Guest

客人

G: I'm checking out now. Can I have my bill, please?

我现在想结账。请给我账单,好吗?

C: Sure. What's your room number, sir?

好的,先生。您的房间号是多少?

G: It's 8736. Here is my room card.

8736。这是我的门卡。

C：One moment, please. It's 6,212 Yuan all together including tax.

请稍等。一共是 6 212 元,含税。

G：Can I pay with traveler's check?

我可以用旅行支票支付吗?

C：Sure. Can I have your passport, please?

当然可以,我可以看一下您的护照吗?

G：Here you are.

给你。

C：Thanks. Are you satisfied with your stay here with us, sir?

谢谢。先生,您在这里住得满意吗?

G：Very good. The room is cozy and the service is jolly good. By the way, could you deliver my luggage to the airport in advance?

非常满意。房间很舒适,服务很周到。顺便问一下,你们可以把我的行李送到机场吗?

C：Sure. It will be taken care of, sir. Which flight do you take?

当然可以。我们会办好的。您乘坐的是哪趟班机?

G：Flight CA1907. And my luggage should be delivered there by 4 o'clock.

CA1907 号班机。我的行李需要在 4 点之前送到。

C：I got it, sir. It'd be great to see you again, sir.

没问题,先生。希望能再次见到您。

G：Thank you.

谢谢。

第 5 单元 外币兑换服务

Unit 5 Foreign Currency Exchange

4.5.1 外币兑换服务

前厅收银处全天 24 小时办理外币兑换业务,以方便住店客人。外国人外出旅行时,所带旅费多为本国货币或旅行支票,进入我国后,都先将外币兑换成外汇券(Foreign Exchange Certificate),所以,外币兑换在涉外饭店是前厅收银的重要业务之一。

4.5.2 外币兑换流程

1)现钞兑换流程(图4.9)

核对客人信息 → 辨别外币真伪 → 填写单据,完成兑换

图4.9 现钞兑换流程图

(1)了解兑换要求,核对客人信息

①热情接待客人,核实客人是否是住店客人,若不是住店客人,应婉言拒绝,并告知客人兑换外币服务只提供给本酒店住客。

②若是住店客人,询问客人房间号,并核对客人名字是否与系统登记名字相符。

(2)辨别外币真伪

①对客人的外币进行鉴别,确认其真伪,并确认是否可以进行兑换。

②按要求填单,将外币的种类与金额、汇率、外汇折算等项内容填写清楚。

(3)填写单据,完成兑换

①将填好的水单交客人签名,写上房号。把水单及外币现钞送交出纳复核、配款。

②经兑员根据水单的第一联对出纳的配款进行复核,确认无误之后交给客人。

2)旅行支票兑付(图4.10)

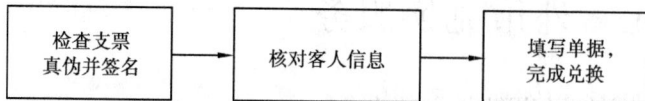

检查支票真伪并签名 → 核对客人信息 → 填写单据,完成兑换

图4.10 旅行支票兑付流程图

(1)检查支票真伪并签名

①热情接待客人,询问客人需要何种服务。

②检查客人所持支票的真伪及支付范围。

③请客人在支票指定的复签位置上当面复签,并核对支票的初签与复签是否相符,如有可疑之处,应进一步检查,如要求持票人背书。

（2）核对客人信息

请客人出示证件，经兑员进行核对，如相片是否相符，支票上与证件上的签名是否一致，而后将支票号码、持票人的号码及国籍抄到水单上。

（3）填写单据，完成兑换

①填写兑换水单，一式两联，并计算出贴息及实付金额。让客人在水单的指定位置写上姓名、房号，将尾签撕下给客人，将水单及支票送交复核员。

②经兑员认真复核水单上的金额及出纳所配好的现金，将应兑换给客人的金额唱付给客人。

3) 信用卡兑换（图4.11）

图4.11 信用卡兑换流程图

（1）检查信用卡

①对客人的信用卡进行确认，即辨真伪、看清有效期等，并压卡。

②若客人的信用卡需要取授权号，则将信用卡上的号码、有效日期、支取金额及客人的国籍、证件号码等信息告知有关银行的授权中心，取得授权后方可承办；如未能取得授权，则须进行认真查阅。

（2）单据签名

①把取现单和水单交给客人签名，并与信用卡上的签名核对，确认无误后再递交给出纳进行配款。

②将配款与水单上的金额进行认真核对。

（3）完成兑换

把取现单、信用卡、第一联水单及现金交给客人。

知识库4-4

在你离开柜台之前，请仔细核对

Please check carefully before you leave the counter.

【任务7】

★The guest would like to exchange US dollar for RMB.

客人想用美元现金兑换人民币。

★200 US dollars can be exchanged for 1,620 Yuan.

用200美元可以兑换1 620元人民币。

★The cashier handles this foreign currency exchange.

收银员处理了这次兑换。

外币兑换单

Foreign Currency Exchange Form

No.

国籍：		护照号码：		日期/时间
Nationality		Passport No.		Date/Time
姓名		房号		收银代码
Name		Room No.		Cashier Code

外币金额 Foreign Currency	扣贴息 Less Commission	净额 Net Amount	牌价 Rate	实付人民币金额 Net Amount in(RMB)
摘要 Remark				

签字：

Signature

经办人：

Prepared By

【情景对话】

C：Cashier

收银员

G：Guest

客人

C：Good afternoon, madam. Can I help you?

下午好,女士。需要我帮忙吗?

G：Good afternoon. May I exchange some money for RMB?

下午好。我可以兑换一些人民币吗?

C：What kind of currency do you have?

你用什么现金来兑换呢?

G：American dollar.

美元。

C：Fine. How much have you gotten?

好的,您想要兑换多少?

G：Two hundred dollars. Here you are.

200 美元,给你。

C：Just a moment, please, madam.

请稍等,女士。

……

Here's your money. 1,620 Yuan in all. Please check it, madam.

这是您的钱,一共 1 620 元。请点一点,女士。

C：It's quite correct. Thank you very much.

是对的。非常感谢你。

G：You are welcome, madam.

不客气,女士。

【任务 8】

★Mr. Sunny Green would like to change this cheque into RMB.

桑尼·格林先生想要用支票兑换人民币。

★It's 8.10 Yuan RMB for 1 US dollar now.

现在的汇率是 1 美元兑换 8.10 元人民币。

★Mr. Sunny Green tells his name、room number and shows passport to the cashier.

桑尼·格林先生把名字、房号告诉收银员,并且出示了他的护照。

★The cashier handles this foreign currency exchange.

收银员处理了这次外币兑换。

【情景对话】

C：Cashier

收银员

G：Guest

客人

C：Good evening, sir. May I help you?

晚上好,先生,我可以帮您做什么?

Guest：Good evening. Can I change this cheque into RMB?

晚上好,我能用支票兑换人民币吗?

C：Certainly. How much would you like to change?

当然,您想要换多少?

G：One hundred US dollars. What's today's exchange rate?

100 美元,今天的汇率是多少?

C：Well, it's 8.10 Yuan RMB for one US dollar.

哦,是 1 美元兑换 8.10 元人民币。

G: OK.

好的。

C: May I have your name, room number and show your passport as well, sir?

先生,请把您的名字、房号告诉我,并且把护照给我。

G: Here is my passport. My name is Sunny Green, Room 3638.

这是我的护照。我叫桑尼·格林,住在 3638 房间。

C: Thank you, Mr. Green. Please sign here.

谢谢您,格林先生。请在这里签字。

G: OK.

好的。

C: Here are your passport and the money, 810 Yuan in all. Please check it.

这是您的护照还有钱,一共 810 元,请点一点。

G: Thank you very much.

非常感谢你。

C: You are welcome, Mr. Green.

不客气,格林先生。

本章主要概念

1. 前台(Reception)

2. 入住登记(Check-In)

3. 结账离店(Check-Out)

4. 外币兑换(Foreign Currency Exchange)

同步测试

1. 假如你是前台接待员,有 1 名客人不愿填写入住登记表,你如何劝说他完成登记表的填写,请模拟当时的情景。

2. 完成对话。

C = Front Office Clerk   G = Guest

C: Good afternoon. Welcome to × × hotel. ＿＿＿＿＿＿＿＿＿＿＿＿＿＿?

G: Yes, I'd like to check-in, please.

C: Certainly, sir. ＿＿＿＿＿＿＿＿＿＿＿＿＿＿＿＿＿, please?

G: I'm Lawrence Brown.

C: ＿＿＿＿＿＿＿＿＿＿＿＿＿＿＿＿＿＿＿ Mr. Brown?

G：Yes, from tonight.

C：_____ please. I'll check our reservation record. （After a while）Thank you for waiting, Mr. Brown. Your reservation is for a twin from March 5th to 7th for three nights. Is that right?

G：Exactly.

C：_____ ,please?

G：Fine(Fill the form)

C：_____ ?

G：By American Express Card.

C：May I take a print of the card ,please?

G：_____ .

C：Thank you, Mr. Brown. Your room number is 2809. It's on the 28th floor. A bellman will show you the room. Please enjoy your stay.

本章综合实训

实训目标:通过角色扮演编排对话,完成一次换房服务。

实训资料:假设你是酒店的接待员罗斯(Rose),接到一位客人怀特夫人(Mrs. White)打来的电话,要求换180度海景房,并要延住1晚。请就以上内容进行小组讨论,编制一段情景对话,并进行表演示范。

实训要求:对话编排应体现接待员工作的服务流程,逻辑结构清晰;对话中使用服务行业常用礼貌用语。

实训指导:该案例为换房服务与延迟退房的处理,在编制对话的过程中应该依据换房服务工作程序和延迟退房的工作程序及注意事项。

学习评价

▲职业核心能力测评表

(在□中打√,A:通过,B:基本通过,C:未通过)

职业核心能力	评估标准	自测结果		
自我学习	1. 能进行时间管理	□A	□B	□C
	2. 能选择适合自己的学习和工作方式	□A	□B	□C
	3. 能随时修订计划并进行意外事件处理	□A	□B	□C
	4. 能将已经学到的东西用于新的工作任务	□A	□B	□C

续表

职业核心能力	评估标准	自测结果
信息处理	1.能根据不同需要去搜寻、获取并选择信息 2.能筛选信息,并进行信息分类	□A □B □C □A □B □C
与人交流	1.能把握交流的主题、时机和方式 2.能理解对方谈话的内容,准确表达自己的观点 3.能获取并反馈信息	□A □B □C □A □B □C □A □B □C
与人合作	1.能挖掘合作资源,明确自己在合作中能够起到的作用 2.能同合作者进行有效沟通,理解个性差异及文化差异	□A □B □C □A □B □C
解决问题	1.能说明何时出现问题并指出其主要特征 2.能作出解决问题的计划并组织实施计划 3.能对解决问题的方法适时作出总结和修改	□A □B □C □A □B □C □A □B □C

学生签字: 　　　　　　教师签字: 　　　　　　　　20 年 月 日

▲专业能力测评表

(在□中打√,A:掌握,B:基本掌握,C:未掌握)

业务能力	评价指标	自测结果	备　注
前台知识	1.准确掌握各种客人的接待工作 2.使用前台常用英语	□A □B □C □A □B □C	
对话编排	1.内容符合前台服务程序 2.内容完整充实 3.对话流畅,用词准确 4.语音、语调、语速	□A □B □C □A □B □C □A □B □C □A □B □C	
综合评价	1.服装、道具准备情况 2.身体语言 3.自信、情绪饱满	□A □B □C □A □B □C □A □B □C	

续表

业务能力	评价指标	自测结果	备　注
其他			
教师评语：			
成　绩		教师签字	

第5章 大堂副理

Chapter 5 Assistant Manager

【职业能力目标】

专业能力

★ 按照岗位工作流程完成大堂副理的各种类型的服务工作。

Handle all kinds of service in accordance with the assistant managers' working procedures.

★ 服务中注意使用礼貌用语。

Pay more attention to using polite language.

职业核心能力

★ 各类投诉的处理。

Handle all kinds of complaint.

★ VIP 客人的接待。

Reception of VIP.

大堂副理是酒店中受总经理委托并代替总经理处理客人对酒店设备、设施、人员、服务等方面的投诉,监督各部门的运作,协调各部门的关系,保证酒店以正常的秩序向顾客提供优质服务的中层管理人员。他们是酒店的"神经中枢",是沟通酒店和客人之间的"桥梁"。

The assistant manager is the middle manager of the hotel who is commissioned by the general manager and replaced the general manager to deal with the guests' complaint on the hotel equipments, facilities, staff and service and so on, supervise the operation of each department, and coordinate the relationship among various departments. What they do is to ensure the hotel provides good services to customers. They are the "nerve center" of the hotel and the communication "bridge" between the hotel and guests.

【本章的知识体系】

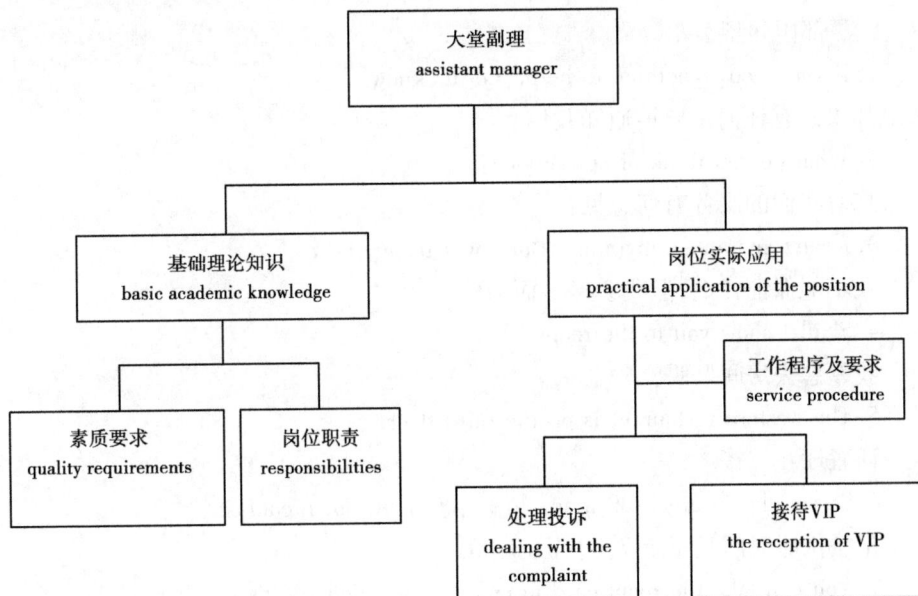

```
                        大堂副理
                   assistant manager

        ┌──────────────────────────┴──────────────────────────┐

    基础理论知识                              岗位实际应用
basic academic knowledge          practical application of the position

                                              │
                                        工作程序及要求
                                        service procedure

  ┌──────────┬──────────┐        ┌──────────┬──────────┐
 素质要求      岗位职责            处理投诉            接待VIP
quality      responsibilities   dealing with the    the reception of VIP
requirements                    complaint
```

部门词汇荟萃

complaint　投诉　*n.*

VIP　贵宾　*n.*

delegation　代表团　*n.*

extra　额外的,外加的　*adj.*

valuable　贵重的　*adj.*

hotel policy　酒店规定　*n.*

express　快件　*n.*

off-season　淡季　*n.*

peak-season　旺季　*n.*

部门短语荟萃

no charge　免费

right away　马上

calm down　冷静

deal with　处理

try one's best to do　尽力做

look into　了解

部门句型荟萃

1. If you need something to help. Let us know.

如果您有任何需要请通知我们。

2. What do you think of our service?

您对我们的服务有何意见？

3. I can't guarantee anything. But I will try my best.

我不能保证什么，但我会尽力而为。

4. Shall I show you to the room?

我领您去房间好吗？

5. The western restaurant is on the third floor.

西餐厅在三楼。

6. Service hours are 7:00 a. m. to 10:00 a. m. for breakfast.

早餐供应时间是早上 7:00 至 10:00。

7. You can take the room card to enjoy sauna service. It's no charge.

您可以凭房卡免费享受桑拿服务。

8. Please don't worry. I'll send someone up to your room right away.

请不必担心，我马上派人到您的房间去。

9. Thank you for telling us about it. I'll look into the matter at once.

感谢您为我们提供这些情况，我立即去了解。

10. I'm sorry to hear that. We do apologize for the inconvenience. I'll have the shower fixed, the tub cleaned, the floor dried and toilet items sent to your room immediately.

我很抱歉给您造成的不便。我会找人把淋浴器修好，把浴盆擦干净，地板擦干，并尽快把浴室备品给您送到房间。

11. If there is anything more you need, please let us know.

假如您还有什么需要，请告诉我们。

第1单元 大堂副理的素质要求与岗位职责

Unit 1 Quality Requirements and Job Responsibilities of Assistant Managers

5.1.1 大堂副理的素质要求

1) 知识要求

熟悉掌握现代饭店管理知识,特别是营业部门运转管理知识,熟悉旅游学、旅游地理学、旅游心理学、公共关系、宗教、民俗、礼仪等方面的知识,熟悉本酒店的运转体系,熟悉饭店的各项政策及管理规定,熟悉客房、前厅工作,略懂餐饮、工程和财务知识,了解饭店安全与消防方面的规章制度、处理措施及应急措施。

2) 能力要求

有良好的外部形象,风度优雅;有较强的判断、分析、处理问题的能力;思维敏捷,意思表达准确,处理问题正确,有敏锐的观察力,对问题的发展有预见性;有较强的酒店意识、整体管理意识、公关意识、整体销售意识和培训意识;个性开朗,乐于且善于与人打交道,有高超的人际沟通技巧;善于与人交往,有良好的人际关系;口齿清楚,语言得体,具有较好的外语口头表达能力和文字表达能力,能流利准确地使用外语与客人进行沟通和交流,有较强的自我控制能力,处事不惊,不卑不亢;具有高度的工作和服务热忱。

5.1.2 大堂副理的岗位职责

大堂副理的主要工作职责是代表饭店接待每一位在饭店遇到困难而需要帮助的客人,并在自己的职权范围内予以解决,包括回答客人的问询、解决客人的疑难,处理客人投诉等。因此,大堂副理是沟通饭店和客人之间的桥梁,是饭店建立良好宾客关系的重要环节。

大堂副理的岗位职责主要包括:①受理投诉。②接待贵宾。③回答询问。④向宾客提供协助和服务。⑤维护大堂秩序,确保大堂无衣冠不整、行为不端者。⑥检查大堂卫生,维护酒店的高雅格调。⑦协调处理宾客的疾病和死亡事故。⑧维护宾客关系。⑨处理员工与客人的争论与纠纷。⑩每日参加部门经理例会,通报客人投诉、员工违纪等情况,并提出相关建议。⑪协助前厅部经理指导并检查前台、总机、门童和礼宾部的工作,作好前厅部的日常管理。⑫协助前厅部员工处理好日常接待中出现的各种问题(如超额问题、客人丢失保险箱钥匙问题、客人签账超额而无法付款的问题、逃账事件以及其他账务等方面的问题)。⑬完整、详细地记录值班期间所发生和处理的任何事项,将一些特殊、重要及具有普遍性的内容整理成文,交前厅部经理审阅后呈总经理批示。⑭协助保安部调查异常事物和不受欢迎的客人。

知识库 5-1

谁是××××VIP

政府
- 国家元首
- 赴×××××视察的国家部委领导
- ×××××省主要负责人
- ×××××各部、委、办、局的主要领导
- ×××××市党政军负责人

企业
- 来×××××投资的内、外资企业、集团总裁
- 集团的重要业务客户

社会
- 影视、娱乐界著名演艺人员
- 体育界国家著名运动员
- 广告传媒的资深编辑、记者

业内
- 省级以上旅行社总经理
- 同星级酒店董事长、总经理
- 曾经对酒店有过重大贡献的人士
- 酒店邀请的宾客
- 个人全价入住酒店豪华房 3 次以上的宾客
- 个人入住酒店 10 次以上的宾客

知识库 5-2

大堂副理必备礼仪常识

一、握手礼仪

握手是在相见、离别、恭贺或致谢时相互表示情谊、致意的一种礼节,双方往往是先打招呼,后握手致意。

1. 握手的顺序

主人、长辈、上司、女士主动伸出手,客人、晚辈、下属、男士再相迎握手。

2.握手的方法

①一定要用右手握手。

②要紧握对方的手,时间一般以1~3秒为宜。当然,过紧地握手,或是只用手指部分漫不经心地接触对方的手都是不礼貌的。

③被介绍之后,最好不要立即主动伸手。年轻者、职务低者被介绍给年长者、职务高者时,应根据年长者、职务高者的反应行事,即当年长者、职务高者用点头致意代替握手时,年轻者、职务低者也应随之点头致意。和年轻女性或异国女性握手时,男士一般不要先伸手。

④握手时,双目应注视对方,微笑致意或问好,多人同时握手时应按顺序进行,切忌交叉握手。

⑤接待来访客人时,主人有先向客人伸手的义务,以示欢迎;送别客人时,主人也应主动握手表示欢迎再次光临。

⑥握手时一定要用右手,这是约定俗成的礼貌。在一些国家,如印度、印度尼西亚等,人们不用左手与他人接触,因为他们认为左手是用来洗澡和上卫生间的。如果是双手握手,应等双方右手握住后,再将左手搭在对方的右手上,这也是经常用的握手礼节,以表示更加亲切,更加尊重对方。

二、会面礼仪

交往中,见面时的礼仪是有讲究的,特别是首轮效应,第一印象非常重要。

1.问候

①问候要有顺序,一般来讲是位低的先行,下级首先问候上级、主人先问候客人、男士先问候女士,这是一个社会公德。

②称呼要适当,如行政职务、技术职称、行业称呼、时尚性称呼等,还有先生、小姐、女士等,应慎用简称。

2.自我介绍、介绍他人

①自我介绍时,尽量先递名片再介绍,自我介绍时要简单明了,一般在1分钟之内,内容规范,按场合的需要把该说的说出来。

②介绍别人时要注意是谁当介绍人,因为不同的介绍人,给客人的待遇是不一样的。介绍人有3种:专职接待人员,如秘书、办公室主任、接待员;双方的熟人;贵宾要由主人一方职务最高者介绍。介绍人时还应注意介绍的先后顺序,遵循尊者居后、男先女后、轻先老后、主先客后、下先上后的原则。

三、交谈礼仪

交谈是大堂副理服务的中心活动。而在圆满的交谈活动中,遵守交谈礼仪占十分重要的作用。

1. 尊重对方,谅解对方

在交谈活动中,只有尊重对方、理解对方,才能赢得对方感情上的接近,从而获得对方的尊重和信任。因此,大堂副理在交谈之前,应当了解对方的心理状态,考虑和选择对方容易接受的方法和态度;交谈时应当意识到,说和听是相互的、平等的,双方发言时都要掌握各自所占有的时间,不能出现一方独霸的局面。

2. 及时肯定对方

在交谈过程中,当双方的观点出现类似或基本一致的情况时,大堂副理应当迅速抓住时机,用溢美的言辞,中肯地肯定这些共同点。赞同、肯定的语言在交谈中常常会产生异乎寻常的积极作用。当交谈一方适时中肯地确认另一方的观点之后,会使整个交谈气氛变得活跃、和谐起来,陌生的双方在众多差异中开始产生了一致感,进而十分微妙地将心理距离拉近。

3. 态度和气,语言得体

交谈时要自然,要充满自信。态度要和气,语言表达要得体。手势不要过多,谈话距离要适当,内容一般不要涉及不愉快的事情。

4. 注意语速、语调和音量

交谈中陈述意见要尽量做到平稳中速。在特定的场合下,可以通过改变语速来引起对方的注意,加强表达的效果。一般问题的阐述应使用正常的语调,保持能让对方清晰听见而不引起反感的高低适中的音量。

5. 交际用语

初次见面应说:幸会	看望别人应说:拜访
等候别人应说:恭候	请人勿送应用:留步
对方来信应称:惠书	麻烦别人应说:打扰
请人帮忙应说:烦请	求给方便应说:借光
托人办事应说:拜托	请人指教应说:请教
他人指点应称:赐教	请人解答应用:请问
赞人见解应用:高见	求人原谅应说:包涵
欢迎顾客应叫:光顾	好久不见应说:久违
客人来到应用:光临	中途先走应说:失陪
与人分别应说:告辞	

四、电话礼仪

1. 及时接电话

一般来说,电话铃响三声之前就应接听,三声后就应道歉:"对不起,让你久等了。"尽快接听电话会给对方留下好印象,让对方觉得自己被看重。

2. 确认对方

接到对方打来的电话,你拿起听筒应首先自我介绍:"您好!我是某某某。"对方打来电话,一般会自己主动介绍。如果没有介绍或者你没有听清楚,就应该主动问:"请问您是哪位?我能为您做什么?您找哪位?"

3. 讲究艺术

接听电话时,应注意使嘴和话筒保持4厘米左右的距离;要把耳朵贴近话筒,仔细倾听对方的讲话。最后,应让对方自己结束电话,然后轻轻把话筒放好。不可"啪——"地一下扔回原处,这极不礼貌。最好是在对方之后挂电话。

4. 调整心态

当你拿起电话听筒的时候,一定要面带笑容。不要以为笑容只能表现在脸上,它也会藏在声音里。亲切、温情的声音会使对方马上对我们产生良好的印象。如果绷着脸,声音会变得冷冰冰。打、接电话的时候不能叼着香烟、嚼着口香糖;说话时,声音不宜过大或过小,吐字清晰,保证对方能听明白。

5. 随时记录

用左手接听电话,右手准备纸笔,便于随时记录有用信息。

第2单元 大堂副理工作规程

Unit 2   Service Regulation of Assistant Managers

5.2.1 大堂副理工作范围及时间

1) 工作范围

全酒店及酒店正厅附近地区。

2) 工作时间

早班:07:00——15:30(含进餐时间)

中班:15:00——23:30(含进餐时间)

夜班:23:00——07:00

5.2.2 大堂副理的工作规程

1)大堂副理的基本工作程序

①提前 15 分钟到岗,按照交接班制度进行交接手续,并详细阅读交接班本。
②交接对讲机。
③处理上一班次的遗留问题。
④检查大堂运行情况。

2)VIP 接待总流程(图 5.1)

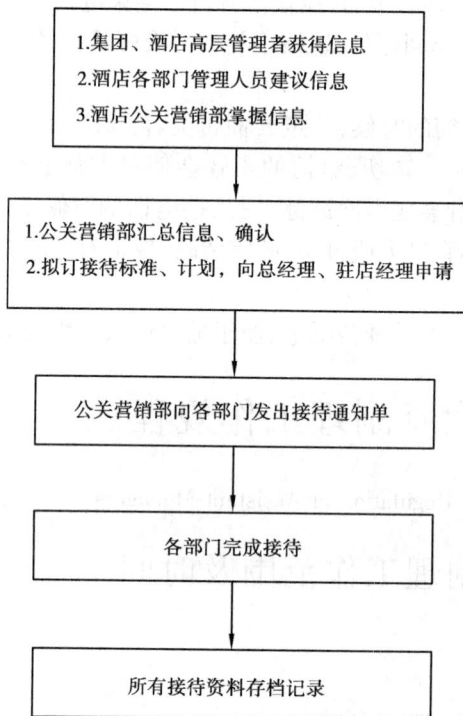

```
┌─────────────────────────────────────┐
│ 1.集团、酒店高层管理者获得信息        │
│ 2.酒店各部门管理人员建议信息          │
│ 3.酒店公关营销部掌握信息              │
└─────────────────────────────────────┘
                  ↓
┌─────────────────────────────────────┐
│ 1.公关营销部汇总信息、确认            │
│ 2.拟订接待标准、计划,向总经理、驻店经理申请 │
└─────────────────────────────────────┘
                  ↓
┌─────────────────────────────────────┐
│     公关营销部向各部门发出接待通知单    │
└─────────────────────────────────────┘
                  ↓
┌─────────────────────────────────────┐
│            各部门完成接待              │
└─────────────────────────────────────┘
                  ↓
┌─────────────────────────────────────┐
│          所有接待资料存档记录          │
└─────────────────────────────────────┘
```

图 5.1　VIP 接待总流程图

3)大堂副理 VIP 接待流程(图 5.2)

(1)收到 VIP 接待通知单
①接到公关营销部下发的 VIP 接待通知单,立即仔细阅读并记录在案。

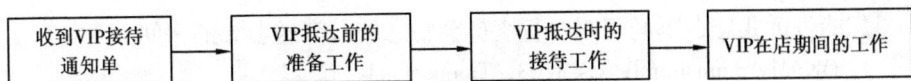

图5.2　大堂副理 VIP 接待流程图

②参加公关营销部经理召集的接待协调会议,明确自己的接待任务及要求。

（2）VIP 抵达前的准备工作

①随时了解贵宾抵店前的任何准备工作,并亲自检查贵宾客房以及贵宾将要前往的活动场所。

②熟记贵宾的人数、姓名、身份、在店时间、活动过程等细节。

③督导各部门所有准备工作提前两小时准备完毕。

（3）VIP 抵达时的接待工作

①在一楼门厅外的车道处等候迎接。

②陪同 VIP 直接从专用通道进入客房。

③陪同 VIP 房内登记或免登记。

（4）VIP 在店期间的工作

①贵宾在店期间,随时注意贵宾动向,及时向酒店高层管理人员、接待部门报告。

②热情礼貌、准确有效地答复贵宾提出的问题。

【任务 1】

★John Davis is the VIP.

约翰·戴维斯是酒店的贵宾。

★The assistant manager Chris received John.

大堂副理克里斯接待了贵宾。

【情景对话】

C：Chris, an assistant manager

克里斯:大堂副理

J：John, a VIP

约翰:贵宾

C：Good morning, welcome to our hotel. Is this your first stay in our hotel?

早上好,欢迎来到我们酒店,您是第一次入住我们酒店吗?

J：Yes.

是的。

C：Can you tell me your room number? The bellman will help you with your bags.

您能告诉我您在哪间房吗？行李员会将您的行李送至您的房间。

J：OK. My room number is 3103. Thank you!

好,我的房间是3103。谢谢。

C：Let me introduce our hotel. The western restaurant is on the third floor. Service hours are 7:00a. m. to 10:00a. m. for breakfast. You can take the room card to enjoy room service and sauna service. It's no charge. We prepared a fruit bowl in your room, hope you like it.

让我为您介绍下我们酒店吧。西餐厅在三楼。早餐供应时间是早上 7:00 至 10:00。您可以凭房卡免费享受房间用餐服务和桑拿服务。我们在客房为您准备了果盘,希望您喜欢。

J：OK. Thank you!

好。谢谢。

C：Shall I show you to the room?

我领您去房间好吗?

J：OK. Thank you!

好。谢谢。

C：If you need something to help. Let us know. We hope you enjoyed your stay with us.

如果您有任何需要,请通知我们。希望您在这里和我们度过一段愉快的时光。

4) 处理投诉

(1) 对投诉的认识

投诉是指客人对饭店的设施设备、服务质量(服务态度和效率)、产品质量及特殊情况(突发事件)产生不满时,以书面或口头方式向饭店提出的意见或建议。

(2) 投诉的原因

① 服务人员的原因引起的投诉

• 不尊重顾客。服务人员不尊重顾客是引发顾客投诉的主要原因,主要表现有:不热情主动,冷淡的态度,爱理不理地接待;语言欠修养,不负责任的答复或行为;举止不文明;不尊重顾客的风俗习惯;过分热情。

• 工作不负责任。服务人员工作不负责任、不细致、不认真、马马虎虎、粗枝大叶也是导致顾客投诉的一个重要原因,主要表现有:工作不主动、不认真;没有完成顾客交代办理的事情;损坏、遗失顾客物品。

②企业的原因引起的投诉

●设施设备损坏后未能及时维修妥善。接待顾客场所的空调、电话、桌椅、电梯等损坏以后没有及时维修,给顾客造成了不便。

●收费不合理。收费款项与实际不符;收费项目不明确、乱收费、多收费。

●没有提供承诺的服务。没有在承诺的时间提供服务;没有按承诺的标准提供服务;出售过期的商品。

③顾客的原因引起的投诉。顾客对企业的有关制度不了解或产生误解;顾客因为自己个人事务而情绪低落,需要发泄;顾客提出无理要求遭到拒绝;某些顾客的不良行为对另外一些客人造成了影响;顾客自身的过失。

除了企业、服务人员和顾客本身的原因以外,一些客观的原因,如恶劣的天气、停水、停电等不可抗力而导致的服务失误,也可能会引起顾客的投诉。

(3)顾客投诉处理技巧

①为投诉作好准备。保持良好心态,应该假设"顾客永远都是对的"。

②注意场合。如果在大堂接待处等人多的场合发生客人激烈投诉,需先陪伴客人到安静、舒适并与外界隔离的地方,如办公室等,以避免客人投诉的激烈情绪与批评在公共场合传播。要有礼貌地接待,请客人坐下,最好与客人一起坐在沙发上,使客人有一种受尊重的平等感受;再给客人倒一杯饮料或茶,请其慢慢讲述,在态度上给投诉人亲切感。

(4)投诉处理程序(图5.3)

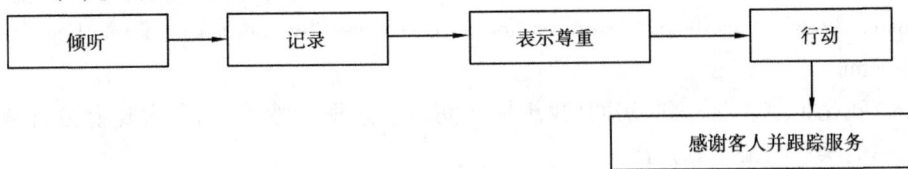

```
┌──────┐      ┌──────┐      ┌──────────┐      ┌──────┐
│ 倾听 │ ───> │ 记录 │ ───> │ 表示尊重 │ ───> │ 行动 │
└──────┘      └──────┘      └──────────┘      └──────┘
                                                    │
                                                    ▼
                                    ┌──────────────────────┐
                                    │ 感谢客人并跟踪服务   │
                                    └──────────────────────┘
```

图5.3　投诉处理流程图

①认真倾听。让客人尽情发泄心中的不满,当怒火发泄得差不多了,再进行解释,效果会比在投诉者满怀情绪而未得到发泄时给予更多解释的效果好得多。对投诉者表示同情,不用过多解释。

②作记录。客人投诉时,应在其面前作记录,首先有助于平息客人的不满情绪,正式的记录表达了酒店对客人投诉的重视,同时也减缓了对话速度,有利于客人的情绪稳定,也有利于客人更加冷静地思考。

③尊重客人的意见。在处理客人投诉的过程中,酒店应授权顾客参与解决方案的制订,给客人选择的机会。

④行动迅速。不管是退单、更换、补偿还是赔偿,酒店都应在第一时间完成,让客人感受到企业的诚意。

⑤感谢客人并跟踪服务。感谢客人的投诉,使酒店发现问题、了解到自身的不足,让客人知道酒店会努力改进服务,同时希望得到客人对企业的继续支持。在答谢后,酒店还要跟踪服务,通过 E-mail、信函、登门拜访、电话等方式把处理进度和结果及时向客人反馈,并及时调查客人的满意度。

【任务2】

★Bell wants to change a room. He goes to the assistant manager.

贝尔想换一间房,他找到了大堂副理。

★The assistant manager Chris deals with it.

大堂副理克里斯处理了此事。

【情景对话】

C：Chris，assistant manager

克里斯:大堂副理

B：Bell，guest

贝尔:客人

C：Good morning，sir. What can I do for you?

早上好,先生,有什么能够帮您的?

B：I'm Bell. My room number is 908. Can you change the room for me? It's too noisy. My wife has been woken up for several times by the noise of the baggage elevator.

我是贝尔,我住 908 房间,我想换一间房。这里太吵了,我太太晚上被行李电梯的噪声吵醒了好几次。

C：I'm awfully sorry sir. I do apologize. Room 908 is at the end of the corridor. It's possible that the noise is heard early in the morning while all is quiet.

很抱歉,先生,908 房间是端头房,因为清晨很安静,所以可能是有点吵。

B：Anyhow，I'd like to change our room.

不管怎么说,我都想换个房间。

C：I will check if there is any room available. I'm so sorry，we don't have any spare room today. Could you wait till tomorrow? The American Education Delegation will be leaving tomorrow morning. There'll be some rooms for you to choose.

我帮您查一下是否有空房。非常抱歉,我们今天确实没有空房了,您能等到明天吗? 明天早上有一个美国教育代表团要离开了,届时将有一些空房让您挑选。

B：All right. I hope we'll be able to enjoy our stay in a quiet suite tomorrow evening and have a good sleep.

好,我希望明天晚上我们能够在安静的房间睡个好觉。

C：Be sure. I'll make a note of that. Everything will be taken care of. And if there is anything more you need,please let us know.

当然,一切都会安排好的。假如您还有什么需要,请告诉我们。

B：OK.

好。

【任务3】

★Adeline finds that the shower is broken and the floor is so dirty. She goes to the assistant manager.

阿黛琳发现浴室淋浴器坏了,地板很脏,她找到了大堂副理。

★The assistant manager Lili deals with it.

大堂副理莉莉处理了此事。

【情景对话】

L：LiLi, assistant manager

莉莉:大堂副理

A：Adeline,guest

阿戴琳:客人

L：Good evening. Did you ring for service? What can I do for you?

晚上好,您按了服务铃,请问有什么可以帮您的?

A：There is no towels in the bathroom. The shower is broken and the floor is so dirty. There is no toilet items in the bathroom. There is no paper in the bathroom.

卫生间里没有浴巾,淋浴器坏了,地板很脏,卫生间里没有洗浴用品,卫生间里没有厕纸。

L：I'm terribly sorry to hear that. I'll take care of it right now.

听到这样的事情我真是非常抱歉。我们马上处理。

A：OK.

好。

L：We do apologize for the inconvenience. I'll have the shower fixed, the floor cleaned, and toilet items sent to your room immediately.

我很抱歉给您造成的不便。我会找人把淋浴器修好,把地板擦干净,并尽快把浴室备品给您送到房间。

A：It's much better now. Thank you.

现在好多了,谢谢。

L：Everything will be taken care of. And if there is anything more you need, please let us know.

当然,一切都会安排好的。假如您还有什么需要,请告诉我们。

A：OK.

好。

5)处理账目要求

①协助前台收银催收超过规定期限或限额的住店客人欠交的房租。

②如客人信用卡有问题,协助联络客人重新刷卡或改付现金。

③客人退房时要求折扣,此情况发生最多,婉转解释并视客人身份给予考虑。

④如电话或酒水收费有问题,可视客人身份作最后处理。

6)处理突发事件或事故

①伤疾:交由当值医生诊治,严重者安排车辆送往医院救治。

②失窃:与值班经理、保安员、当事人同去房间,全面搜查并详细记录,需要时报公安机关备案及调查。

③骚扰事件:组织保安人员消除骚扰因素。

④火警、火灾事故:组织保安员、消防员以及工程人员及时处理。

⑤工程问题:可随时要求工程人员协助更换或维修公共区域及客房内之物品、设备以确保店容雅观,设备正常运作。

⑥房门双锁事宜:用万能钥匙开房,避免客人不能入内。

⑦丢失保险箱钥匙:查清情况,在确认正常的情况下,监督工程人员采取特殊措施。

⑧不法分子滋事:协助保安部警告或捉拿不法分子,送交公安机关。

⑨向上报告:重要人物驾临或突发、重要事情发生时,应立即向上呈报总经理或部门经理。

⑩维护大堂秩序,协调大堂区域的运作。

本章主要概念

1. 大堂副理(assistant manager)

2. 投诉（complaint）

同步测试

1. 假设你是大堂副理,选择 1 名同学搭档扮演客人,请模拟客人进行投诉的处理,并进行记录。

2. 完成对话。

A = Assistant manager　G = Guest

A：Good evening, sir. Welcome to our hotel.

G：Good evening. Can you change the room for me? It's too noisy. My wife was woken up several times by the noise the baggage elevator made. She said it was too much for her.

A：_____. We'll manage it, but we don't have any spare room today. Could you wait till tomorrow?

G：I hope we'll be able to enjoy our stay in a quiet suite tomorrow evening and have a sound sleep.

A：_____, sir. And if there is anything more you need, please let us know.

G：OK.

本章综合实训

实训目标:通过角色扮演编排对话,完成一次联动相关部门共同解决"双重订房"的服务过程。

实训资料:假设你是某酒店的大堂副理小李,接待了一对年轻夫妇的投诉。客人陈述如下:"我们这次旅行结婚,半个月之前就在贵酒店订了 1208 房,两天后就收到贵店寄来的确认信,清楚地写明将为我们保留今、明、后 3 天的 1208 房,我们也按照贵店要求预先汇付了订金。但刚才前台小姐说 1208 房已有客人入住,给我们安排的是 902 房间。不瞒你说,1208 是我们两人的幸运数字,没有这个房号的饭店我们还不住呢。"请就以上内容进行小组讨论,编制一段情景对话,并进行表演示范。

实训要求:对话编排应体现大堂副理工作的服务流程,逻辑结构清晰;对话中使用服务行业常用礼貌用语。

实训指导:该案例中的对话方式为大堂副理接待客人,了解并确认相关情况,尽量设法以灵活的处理方式同时兼顾与事件有关系的三方,即:饭店、预订客人及原住客的各自利益。第一,过失在饭店,饭店要以能被预订客人接受的方式,给预订客人一定的补偿;第二,既然饭店已经答应让原住客续住 1208 房一天,就不该再要求该客人换房,以免破坏与熟客的良好关系;第三,对饭店最好的结果是,预订客人接受新房。如此方能使饭店提高房间利用率,增加营业收入。让客人接受新房最为关键的一点是,要让客人先看到新房。因此,小李在路上掐准时间解释,而不是坐在大堂向客人解释。这种处理方式应在编制对话过程中特别完善,体现沟通和解决投诉的技巧。

学习评价

▲职业核心能力测评表

(在□中打√,A:通过,B:基本通过,C:未通过)

职业核心能力	评估标准	自测结果		
自我学习	1.能进行时间管理	□A	□B	□C
	2.能选择适合自己的学习和工作方式	□A	□B	□C
	3.能随时修订计划并进行应急情况处理	□A	□B	□C
	4.能将已经学到的东西灵活用于新的工作任务	□A	□B	□C
信息处理	1.能根据不同需要去搜寻、获取并选择信息	□A	□B	□C
	2.能筛选信息,并进行信息分类	□A	□B	□C
与人交流	1.能把握交流的主题、时机和方式	□A	□B	□C
	2.能理解对方谈话的内容,准确表达自己的观点	□A	□B	□C
	3.能获取并反馈信息	□A	□B	□C
与人合作	1.能挖掘合作资源,明确自己在合作中能够起到的作用	□A	□B	□C
	2.能同合作者进行有效沟通,理解个性差异及文化差异	□A	□B	□C
解决问题	1.能说明何时出现问题并指出其主要特征	□A	□B	□C
	2.能作出解决问题的计划并组织实施计划	□A	□B	□C
	3.能对解决问题的方法适时作出总结和修改	□A	□B	□C

学生签字:　　　　　　教师签字:　　　　　20 年 月 日

▲专业能力测评表

（在□中打√，A:掌握，B:基本掌握，C:未掌握）

业务能力	评价指标	自测结果	备　注
岗位理论知识	1.准确掌握各种投诉的处理 2.使用大堂副理岗位常用英语	□A　□B　□C □A　□B　□C	
对话编排	1.内容符合大堂副理岗位服务程序 2.内容完整、充实 3.对话流畅，用词准确 4.语音、语调、语速	□A　□B　□C □A　□B　□C □A　□B　□C □A　□B　□C	
综合评价	1.服装、道具准备情况 2.身体语言 3.自信、情绪饱满	□A　□B　□C □A　□B　□C □A　□B　□C	
其他			
教师评语：			
成　绩		教师签字	

第6章 总机服务

Chapter 6 Operator

【职业能力目标】

专业能力

★ 按照岗位工作流程完成各种类型的电话服务工作。

Handle all kinds of telephone service in accordance with the operator's working procedures.

★ 注意总机服务礼仪。

Pay more attention to the manners of operator.

职业核心能力

★ 具备与客人进行口头交流的能力。

Possess the ability of oral communication with guests.

★ 具备按照电话接听程序接听电话的能力。

Possess the ability of answering the telephone in accordance with the procedures.

电话总机是饭店内外沟通联络的通信枢纽,以电话为媒介,直接为客人提供转接电话、挂拨国际或国内长途电话、叫醒、查询等服务,是饭店声音的窗口,其工作代表着饭店的形象,也直接体现出饭店服务的水准。

The switchboard is the hotel's internal and external hub of communication. It provides following services for the customers: transfer, international and national call, morning call, inquiring and so on. It is the voice window and representative of the hotel and it shows the level of the hotel's service.

【本章的知识体系】

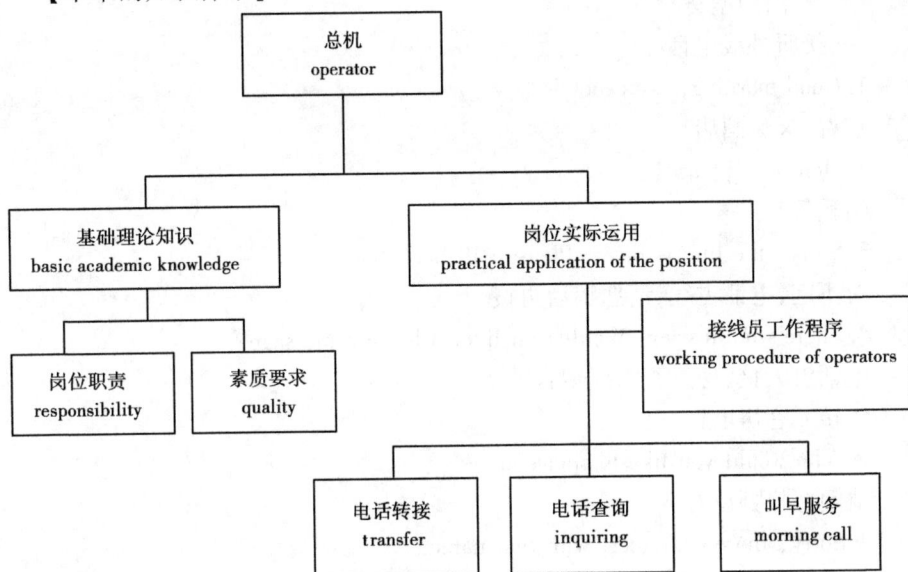

```
                        ┌─────────────────┐
                        │      总机        │
                        │    operator      │
                        └────────┬────────┘
             ┌───────────────────┴────────────────────┐
   ┌──────────────────────┐              ┌──────────────────────────────────┐
   │     基础理论知识        │              │         岗位实际运用               │
   │ basic academic        │              │ practical application of          │
   │ knowledge             │              │ the position                      │
   └──────────┬───────────┘              └─────────────────┬────────────────┘
       ┌──────┴──────┐                              ┌───────────────────────────────────┐
 ┌──────────┐  ┌──────────┐                         │        接线员工作程序                 │
 │ 岗位职责   │  │ 素质要求  │                         │ working procedure of operators       │
 │responsibility│ quality  │                         └───────────────────────────────────┘
 └──────────┘  └──────────┘
       ┌──────────────────┬──────────────────┐
 ┌──────────┐      ┌──────────┐       ┌──────────┐
 │ 电话转接   │      │ 电话查询  │       │ 叫早服务   │
 │ transfer   │      │ inquiring│       │morning call│
 └──────────┘      └──────────┘       └──────────┘
```

✎ 部门词汇荟萃

operator 电话员 *n.*

house phone 内部电话 *n.*

special line 专线 *n.*

ordinary telephone 普通电话 *n.*

receiver 听筒 *n.*

city phone 城市电话 *n.*

telephone number 电话号码 *n.*

long distance 长途电话 *n.*

telephone directory 电话簿 *n.*

DDD 国内长途直拨电话 *n.*

IDD 国际长途直拨电话 *n.*

✎ 部门短语荟萃

replace the phone 挂上电话

dial a number 拨号码

hold the line 别挂电话

can't put somebody through 接不通

The line is busy(engaged) 占线

部门句型荟萃

一、接听外线电话

1. Good morning, × × hotel!

您好,××酒店!

2. Hold on, please!

请稍等!

3. Sorry, the line is busy. Please call back later!

对不起,电话占线,请您稍后再拨。

4. There's no answer. Would you like to leave a message?

电话没人接,您是否需要留言?

5. 转入客房电话

• Who would you like to speak to?

请问您找哪位?

• Sorry, there's no guest with that name.

对不起,没有这个姓名的客人。

• Excuse me for asking, but is he a visitor or a hotel guest?

您能告诉我他是住客还是访客?

6. 内容没听清或不确定时

• Would you like to repeat the number?

请您再说一遍号码,好吗?

• Could you speak a little louder, please?

请您大声一点,好吗?

• Could you speak slowly, please?

请您说慢一点,好吗?

7. I'm afraid you dial the wrong number. This is × × hotel operator.

恐怕您拨错号码了,这里是×××酒店总机。

8. I'll put you through to the information desk.

我帮您把电话转到问讯处。

9. 来电方需要留言

• Could you please give me the message, sir / madam?

请告诉我您的留言内容好吗,先生/女士?

• Thank you for calling, I'll relay the message to Mr. /Mrs. × ×.

请放心,我一定将您的意思转达给××先生/夫人,谢谢您的来电!

二、酒店住店客人的叫醒受理

1. May I have your name and your room number, please?

能告诉我您的姓名和房号吗？

2. Could you tell me what time would you like to get up?

您需要什么时间的叫醒？

3. May I repeat your room number and the time, sir / madam?

先生/女士，我重复一遍您的房号和叫醒时间，好吗？

4. Good morning (afternoon, evening), sir / madam! This is your wake-up call. Have a good day (Have a nice day)!

早上好(下午好、晚上好)，先生/女士，这是您的叫醒电话，祝您过得愉快！

三、住客电话询问

1. There is no charge for in-house call.

内线电话免费。

2. You can make a dial-direct call.

您能直拨电话。

3. We have gotten DDD and IDD system in our hotel. If you want to make a DDD, you can dial × × ×, and if you want to make a IDD , you can dial × × ×. If you have anything else, you can call us again, we will help you, sir.

我们酒店设有国际直拨和国内直拨电话系统。如果您要拨打国际直拨电话，请您拨打× × ×，如果您要拨打国内直拨电话，请拨打× × ×。如果您还有其他需要帮忙的，请打电话给我们，我们会尽力而为。

4. I'll check immediately and call you back in a moment.

我立刻为您查找，然后打电话给您。

5. Would you mind waiting a minute, I'll check it for you right now.

请稍等一会儿好吗？ 我马上为您查找。

四、代客人接国际、国内长途

1. Could you please tell me the form of payment, is it a pay call, collect call or credit card call, sir / madam?

您能告诉我您要拨打的电话是自付电话、受付电话或是信用卡付费电话吗？

2. Is this a paid call or collect call?

请问这个电话是自己付费还是对方付费？

3. Could you please tell me the country code, the area code and telephone number, sir /madam?

先生/女士,您能告诉我电话的国家代码、地区代码和电话号码吗?

4. Could you please tell me what kind of call would you like：a person to person or station to station call, sir/madam?

先生/女士,您能告诉我您要拨打的是叫人电话还是叫号电话吗?

5. Could you please tell me who are you want to speak?

您能告诉我对方是谁吗?

6. Could you please spell your name?

能告诉我您的名字是怎么拼写的吗?

第1单元　话务员岗位职责与素质要求

Unit 1　Operator's Responsibility and Quality

6.1.1　话务员的岗位职责

①接听电话。

②把进店电话接转到客房和相关部门。

③受理出店电话。

④负责接收话费账单。

⑤为宾客接收、分发留言。

⑥记录所有叫醒服务的要求,提供电话叫醒服务。

⑦向宾客提供对客服务信息。

⑧回答酒店内举办各种活动的有关问讯。

⑨懂得电话总机的操作方法。

⑩负责酒店背景音乐的播放。

⑪懂得一旦收到报警电话时应采取的相应行动。

⑫在工程维修部下班后,负责监管包括电话设备在内的所有自动操作系统。

6.1.2　话务员的素质要求

电话服务在酒店对客服务中扮演着重要角色,话务员必须以热情的态度、礼貌的语言、甜美的嗓音、娴熟的技能,优质高效地为客人提供服务。可以说,电话是对客服务的桥梁,话务员是"只听其悦耳声,不见其微笑容"的幕后服务员。因此,话务员必须具备较好的素质,具体要求为:

①口齿清楚,语言甜美。

②听写迅速,反应快。

③工作认真,记忆力强。

④有较强的外语听说能力,能用至少一种外语为客人提供服务。

⑤熟悉电脑操作及打字。

⑥熟悉当地旅游景点及娱乐等方面的信息。

⑦较强的信息沟通能力。

第2单元 总机服务项目及工作程序

Unit 2 Operator Service Item and Procedure

6.2.1 转接电话服务

1)转接电话服务程序(图6.1)

| 接电话 | → | 问候客人 | → | 转接电话 | → | 播放音乐 | → | 特殊情况处理 |

图6.1 转接电话服务流程图

(1)接电话

话务员在总机铃声响3下之内应答电话(图6.2),必须礼貌、友善,且面带微笑。虽然客人看不到话务员,但能感受到话务员的笑脸,只有微笑时才能表现得友善。声音要甜美、自然、有吸引力。

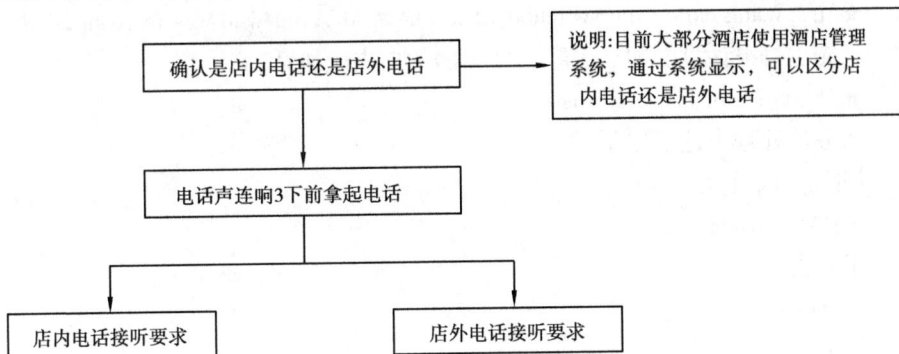

确认是店内电话还是店外电话 → 说明:目前大部分酒店使用酒店管理系统,通过系统显示,可以区分店内电话还是店外电话

电话声连响3下前拿起电话

店内电话接听要求　　　店外电话接听要求

图6.2 电话接听流程图

（2）问候客人

主动问候客人，用中英文熟练、准确地自报家门。

①应答外线电话时，报出酒店名称："您好，××酒店。"

②应答内部电话时，报出本岗位："您好，总机。"

（3）转接电话

仔细聆听客人的要求，迅速准确地转接电话，并同时说"请稍等"。必要时，可礼貌地请客人重述某些细节或含混不清之处。如果客人需要其他咨询、留言等服务，应对客人说："请稍等，我帮您接通××部门。"

（4）播放音乐

电话占线或线路繁忙时，应请对方稍等，并使用音乐保留键播出悦耳音乐。

（5）特殊情况处理

①转接后无人应答，话务员应向客人说明："对不起，电话没人接，请问您是否需要留言？"需要留言的电话应转接到问讯处处理。

②若通话者只告知客人姓名，应迅速查电脑，找到房号后接通电话；若通话者只告知房号，应先了解受话人的姓名，并核对电脑中的相关信息，判断是否直接接通房间电话。

③房间客人采取了"免电话打扰"措施，应礼貌地向来电者说明，并建议其留言或待取消"免电话打扰"后再来电话。

④遇到无法解答的问题时，立即转交领班、主管处理。

2）转接电话服务

【任务1】

★Mr. Wang called the switchboard to phone Mr. Bai who was in room 2018.

王先生打电话到总机，希望与2018房的白先生通话。

★The operator handled this call.

话务员处理了这通电话。

【情景对话】

W：Mr. Wang

王先生

O：Operator

话务员

O：Good morning. This is ×× hotel.

早上好，这里是××酒店。

W：Good morning. I'd like to speak to Mr. Bai.

早上好,我想和白先生通话。

O：Could you tell me the room number, please?

您能告诉我房号吗?

W：Room 2018.

2018 号房。

O：Hold on, please.

请稍等。

(播放音乐)

O：Hello, Mr. Bai. This is switchboard. One guest Mr. Wang wants to talk to you. Shall I transfer the phone for you?

您好,白先生。这里是总机。有一位客人白先生想与您通话。我把电话给您转进来,好吗?

B：Of course, please. Thank you.

当然,谢谢。

(电话转接成功)

6.2.2 查询服务

1) 准备工作

为了胜任酒店的电话问询服务,提高效率和质量,总机话务员通常需要准备一些资料,以便在需要的时候查询。

①酒店各部门的内线分机号码簿。

②酒店各营运部门的营业时间和基本服务项目。

③酒店各部门负责人电话簿。该电话簿记录酒店主要部门负责人的内线分机号码和个人手机号码,以便在酒店出现紧急情况的时候能联系到具体的负责人。

④国际长途电话国际代码。

2) 不同类别的查询服务

①常用电话号码——对答如流,查询准确、迅速。

②非常用电话号码——请客人稍等,以最有效的方式为客人查询,确认后及

时通知客人;如需较长时间查询,征询客人意见,询问是否可以先留下电话号码,待查实后再告知客人。

③查询住店客人房间号码——在前台电话占线的情况下,话务员通过电脑为客人查询,但不能泄露客人房号,接通电话后让客人与其通话。

3) 查询服务

【任务 2】

★A guest called the switchboard to inquire the business hour of the restaurant. But the business hour has changed because of the Christmas. So the operator told the guest the situation and she would call back to tell him the exact time later.

一位客人打电话到总机查询餐厅的营业时间。但是因为圣诞节的关系,营业时间发生了改变。因此,话务员告诉了客人这一情况,并说过后她将回电话告诉他准确的营业时间。

【情景对话】

G:Guest

客人

O:Operator

话务员

O:Hello! This is switchboard. What can I do for you?

您好!这里是总机。我能为您做点什么?

G:Hello! This is room 1207. I'd like to know the business hour of the restaurant.

您好!我是 1207 房的客人。我想知道餐厅的营业时间。

O:Hold on please. Sorry,Mr. Smith,the business hour has changed because of the Christmas. Can I call you back later after I check it?

请稍等。抱歉,史密斯先生,因为圣诞节的关系,餐厅营业时间改变了。待我核实后给您回电话好吗?

G:Great! Thank you!

好的。谢谢!

【任务 3】

★Mr. Zhao wants to inquire if Mr. Smith was in the hotel.

赵先生想查询史密斯先生是否在本酒店。

【情景对话】

Z：Mr. Zhao

赵先生

O：Operator

话务员

S：Mr. Smith

史密斯先生

O：Good evening. This is ×× hotel. Can I help you?

晚上好,这里是××酒店。能为您效劳吗?

Z：Good evening. I wonder if Mr. Smith was in your hotel. I am his friend.

晚上好。我想知道史密斯先生是否已下榻在贵酒店。我是他的朋友。

O：Could you tell me his room number please?

请您告诉我他的房号,好吗?

Z：Sorry, I have no idea.

抱歉,我不知道。

O：Hold on please. I will check it for you.

请稍等。我为您查询一下。

(查询中,播放音乐)

O：Good evening, Mr. Smith. This is switchboard. A friend of yours Mr. Zhao wanted to talk to you. Shall I transfer for you?

晚上好,史密斯先生。这里是总机。您的朋友赵先生想和您通话,需要我为您转接吗?

S：Yes, please.

(电话转接成功)

6.2.3 叫醒电话服务

1)人工叫醒服务

(1)人工叫醒服务程序(图6.3)

(2)人工叫醒服务对话

【任务4】

★Mr. Wang will take part in an important meeting tomorrow morning, so he

| 受理叫醒的预订时间（询问叫醒的具体时间和房号） | → | 填写叫醒记录单（房号、时间、话务员签名） | → | 在定时钟上准确定时间 |

| 若客房内无人应答，5分钟后再叫一次。若仍无人应答，立即通知大堂副理或楼层服务员前往客房，查明原因 | ← | 接通客房分机，叫醒客人 | ← | |

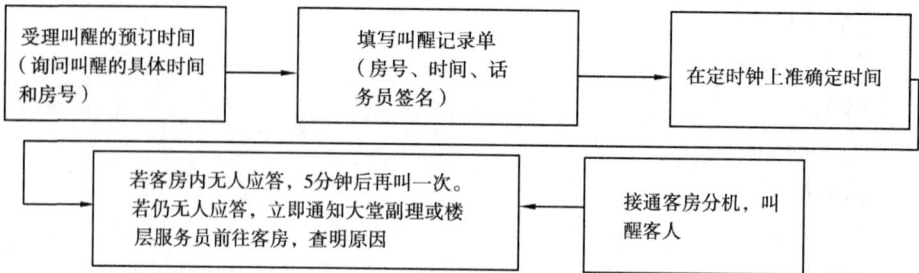

图 6.3　人工叫醒服务程序

asked the operator to wake him up at 7:30.

王先生明早要参加一个重要的会议，请总机在 7:30 叫醒他。

★The operator handles this morning call.

话务员处理了这次叫醒服务。

【情景对话】

G：Mr. Wang

王先生

O：Operator

话务员

G：Hello, Is it the operator?

您好，是总机吗？

O：Yes, this is the operator. May I help you?

是的，这里是总机，请问我有什么可以帮到您呢？

G：Yes, I'm in room 712, I need a morning call at 7:30 tomorrow morning.

是的，我住 712 房，我需要明早 7:30 的叫醒服务。

O：A morning call at 7:30 tomorrow morning, right?

明早 7:30 的叫醒，对吗？

G：Yes.

是的。

O：Anything else I can do for you?

还有没有其他事情我能为您效劳呢？

G：No, thank you.

没有了，谢谢。

O：My pleasure. Have a good night!

不客气。祝您有个愉快的晚上。

2) 自动叫早(图6.4)

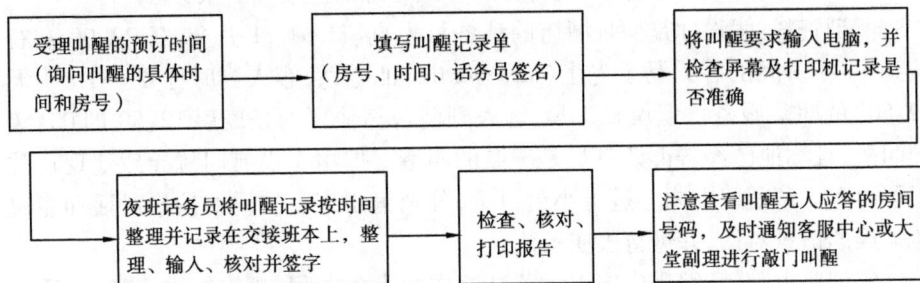

受理叫醒的预订时间（询问叫醒的具体时间和房号）	填写叫醒记录单（房号、时间、话务员签名）	将叫醒要求输入电脑，并检查屏幕及打印机记录是否准确
夜班话务员将叫醒记录按时间整理并记录在交接班本上，整理、输入、核对并签字	检查、核对、打印报告	注意查看叫醒无人应答的房间号码，及时通知客服中心或大堂副理进行敲门叫醒

图 6.4　自动叫早服务流程图

本章主要概念

1. IDD(国际长途直拨电话)

2. DDD(国内长途直拨电话)

同步测试

1. 假设你是总机主管,选择 1~2 名同学搭档组成酒店总机,请模拟部门晨会情景进行当天工作的安排,并进行记录。

2. 完成对话。

C = Clerk　　　G = Guest　　　O = Operator

C：Hello! This is Baiyun Hotel. _____

G：Yes, I'd like to talk to Mr. Smith.

C：_____

G：I am not sure. _____

C：In that case, _____

G：I am in a hurry.

O：_____

O：This is switchboard. Mr. Smith, there is a phone call from Mr. Black. Shall I transfer for you?

S：_____

O：It's my pleasure.

📚本章综合实训

实训目标:通过角色扮演,编排完成一次对客的电话叫醒服务。

实训资料:假设你是假日酒店的话务员麦克(Mike),1 月 20 日 23:00 左右接到 1408 房间的客人马丁先生(Mr. Martin)的电话,客人当时称要一个"明天12:50"的叫醒服务。但次日一早,客人到前台称他要的是凌晨 12:50 即 00:50的叫醒,且称他已经告诉话务员是凌晨的叫醒。但由于没有叫醒导致他现在耽误了火车。请就以上内容进行小组讨论,分别编制产生失误的情景对话和能避免失误的情景对话,并进行表演示范。

实训要求:对话编排应体现话务员工作的服务流程,逻辑结构清晰;对话中使用服务行业常用礼貌用语。

实训指导:该案例主要考查同学对叫醒服务处理的细致程度及时间表达的准确性,在编制对话过程中应依据电话叫醒的工作程序完善对话内容。

📚学习评价

▲职业核心能力测评表

(在□中打√,A:通过,B:基本通过,C:未通过)

职业核心能力	评估标准	自测结果		
自我学习	1. 能进行时间管理	□A	□B	□C
	2. 能选择适合自己的学习和工作方式	□A	□B	□C
	3. 能随时修订计划并进行意外处理	□A	□B	□C
	4. 能将已经学到的东西用于新的工作任务	□A	□B	□C
信息处理	1. 能根据不同需要去搜寻、获取并选择信息	□A	□B	□C
	2. 能筛选信息,并进行信息分类	□A	□B	□C
与人交流	1. 能把握交流的主题、时机和方式	□A	□B	□C
	2. 能理解对方谈话的内容,准确表达自己的观点	□A	□B	□C
	3. 能获取并反馈信息	□A	□B	□C
与人合作	1. 能挖掘合作资源,明确自己在合作中能够起到的作用	□A	□B	□C
	2. 能同合作者进行有效沟通,理解个性差异及文化差异	□A	□B	□C

续表

职业核心能力	评估标准	自测结果		
解决问题	1.能说明何时出现问题并指出其主要特征	□A	□B	□C
	2.能做出解决问题的计划并组织实施计划	□A	□B	□C
	3.能对解决问题的方法适时作出总结和修改	□A	□B	□C
学生签字:	教师签字:	20 年 月 日		

▲专业能力测评表

（在□中打√,A:掌握,B:基本掌握,C:未掌握）

业务能力	评价指标	自测结果			备　注
话务员知识	1.准确掌握电话服务礼仪	□A	□B	□C	
	2.使用话务员常用英语	□A	□B	□C	
对话编排	1.内容符合总机服务程序	□A	□B	□C	
	2.内容完整、充实	□A	□B	□C	
	3.对话流畅,用词准确	□A	□B	□C	
	4.语音、语调、语速	□A	□B	□C	
综合评价	1.服装、道具准备情况	□A	□B	□C	
	2.身体语言	□A	□B	□C	
	3.自信、情绪饱满	□A	□B	□C	
其他					
教师评语:					
成　绩		教师签字			

第7章 商务中心
Chapter 7 Business Center

【职业能力目标】

专业能力

★ 按照岗位工作流程完成复印、传真、票务预订服务工作。

Handles all kinds of secretarial services in accordance with the copying, fax sending and receiving service, ticket-booking working procedures.

★ 注意使用礼貌用语。

Pay more attention to the use of polite language.

★ 确保收费的准确性。

Settling the bill correctly.

职业核心能力

★ 具备与客人进行口头交流的能力。

Possess the ability of oral communication with guests.

★ 具备熟练的工作技巧和操作商务中心设备的能力。

Possess the ability of being skillful at work and know how to operate the equipments.

★ 具备与交通票预订机构沟通的能力。

Possess the ability of communication with the Ticket-booking Office.

商务中心是酒店为满足客人进行商务活动需求而提供便利服务的一个服务部门,主要包括为客人提供复印、传真、票务预订等服务项目。

The Business Center is a section which provides the business guests in the hotel with convenient services, including copying, fax sending and receiving, and ticket-booking services.

当为客人提供复印服务时,首先应数清页数,先复印一份交予客人审定,经确认后,再进行所有的复印工作。当复印完毕后,与客人确认总页数,然后妥善装订再交予客人。了解清楚复印资料的数量并作好记录,选配适当纸张,调整好颜色及深浅,确保复印的效果和质量。

When you provide a copying service to a guest, you should count the pages and make sure what kind of paper will be used at first, then copy a model for the guest to check the effect of the copier. Only through the guest's confirmation, you can print all the pages out. Bind the pages in a volume and give it to the guest after checking the number of copy pages with the guest. Counting the amount of pages copied, selecting proper size of paper in order to ensure the effect and quality of the copied materials.

收发传真服务是商务中心的一项重要服务功能,工作人员必须保证传真件的发送质量并确保及时、准确地将传真件交送收件者本人。做好保密工作,不得随意向他人谈及客人的传真件内容。

Fax sending and receiving service is in a very important position at the Business Center. The clerks should make sure to fax correctly and deliver the fax to the guest in time. Keep secret, the clerk can not tell the content of fax to any person who has nothing to do with it.

票务服务预订是酒店商务中心为满足客人的出行方便需求而提供的一个提前预订交通工具的服务项目,一般包括飞机、火车、轮船、汽车等交通工具。酒店住客一般不直接到票务销售点订票,往往通过商务中心预订。由于酒店并非各类交通票的直接销售单位,往往要借助第三方酌情解决,因此,酒店保持与这些出票机构的密切联系,以便确保客人的出行需求是十分必要的,这在交通繁忙季节和购票难度相当大的情况下显得尤为重要。

Ticket-booking is a service provided by the Business Center of the hotel which is to meet the demand of transportation conveniences by the guests who would like to book transportation in advance, mainly including air-plane, train, ship and long distance bus tickets. Because the guests are used to making reservations at the Business Center, not at the Ticket-booking Office, it's very important for the hotel to keep tight relationship with the Offices, especially in the period when tickets are in great demand due to heavy traffic.

【本章的知识体系】

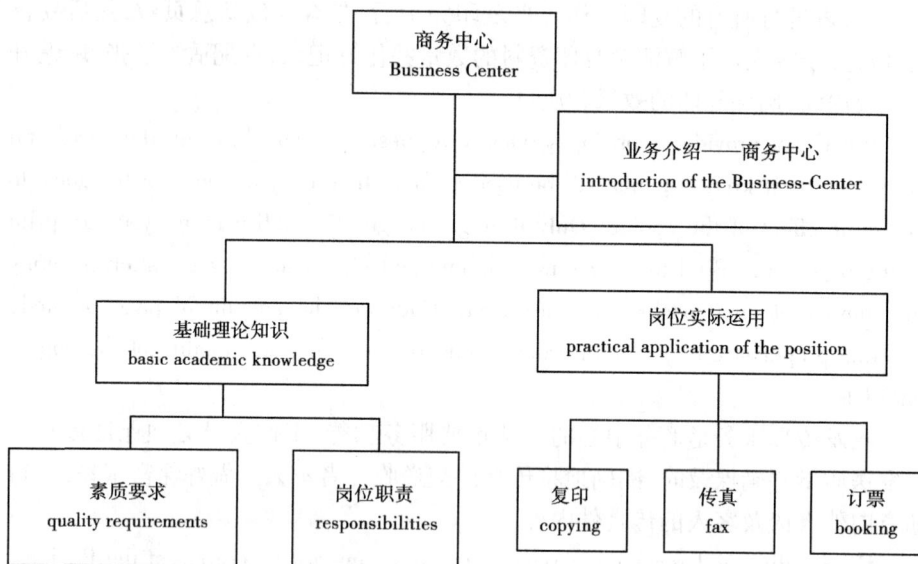

```
                        ┌──────────────┐
                        │   商务中心    │
                        │Business Center│
                        └──────┬───────┘
                               │      ┌──────────────────────────┐
                               │      │  业务介绍——商务中心       │
                               ├──────┤introduction of the Business-Center│
                               │      └──────────────────────────┘
              ┌────────────────┴────────────────┐
    ┌─────────────────┐              ┌──────────────────────────────┐
    │   基础理论知识    │              │        岗位实际运用            │
    │basic academic    │              │practical application of the   │
    │knowledge         │              │position                       │
    └────────┬─────────┘              └──────────────┬───────────────┘
    ┌────────┴─────────┐              ┌──────┬───────┴──────┐
┌──────────────┐ ┌──────────────┐  ┌──────┐ ┌──────┐ ┌──────┐
│   素质要求     │ │   岗位职责     │  │ 复印  │ │ 传真  │ │ 订票  │
│quality        │ │responsibilities│  │copying│ │ fax  │ │booking│
│requirements   │ │               │  └──────┘ └──────┘ └──────┘
└──────────────┘ └──────────────┘
```

部门词汇荟萃

copying 复印 *n.*

computer 计算机 *n.*

copier 复印机 *n.*

facsimile machine 传真机 *n.*

flight 航班 *n.*

airport 机场 *n.*

air ticket booking 机票预订 *n.*

train ticket booking office 火车票预订处 *n.*

train station 火车站 *n.*

部门短语荟萃

sending a fax 发传真

receiving a fax 收传真

in advance 提前

have a look 看一下

部门句型荟萃

1. What can I do for you?

请问有什么需要帮忙的?

2. How many copies would you like to have?

您需要复印多少份?

3. What size would you like to have for the copies?

请问您要使用多大的纸张?

4. Would you like color or black and white?

请问是用彩色的还是黑白的?

5. Please have a look. Is the color of this testing-paper good enough?

请您看一下,需要把颜色调深点还是浅点?

6. Do you have any special requirements?

有何特殊要求吗?

7. Could you please show me your room card?

请您出示一下房卡,好吗?

8. How would you like to pay for it?

请问您的付款方式是什么?

9. Could you please show your identification card in order to make a reservation?

请您出示身份证,我帮您登记一下。

10. Where do I send it?

请问给您送到哪里?

11. The fax machine is ready, please tell me the number.

传真机已准备好,请告诉我对方的传真号码吧。

12. Please sign the form.

请您签收一下。

13. Let me check.

我帮您查一下。

14. What kind of train do you prefer?

您要搭乘哪种火车?

15. I'll contact the booking office to see whether they have ticket or not, Just a moment.

我先与票务机构联系一下,看看是否还有车票,请稍等。

16. Please pay 500 RMB in advance, I'll settle the account with you after we've gotten the ticket.

请您支付预订金,一共是 500 元,等我们取票后再和您结算。

第1单元 商务中心员工的岗位职责与素质要求

Unit 1 Job Responsibilities and Quality Requirements of the Business Center

1.1.1 商务中心员工的岗位职责

商务中心可设立商务中心文员和票务员两个服务岗位,其中,商务中心文员负责回答客人有关商务服务的问询,为客人提供复印、翻译、打字、传真收发等服务,而票务员负责代办客人的邮件业务,代办火车票、飞机票等交通票务以及旅游与体育娱乐票务等项服务。

除了上述岗位,商务中心还应根据其规模和业务量的大小,分别设商务中心主管和领班两个管理岗位。

1) 商务中心主管

直接向前厅部经理负责,保证工作正常进行;安排、督促、指导员工的工作,据其工作表现执行奖罚;检查员工礼貌服务、工作态度及自觉执行工作规程、员工守则的情况;加强与中心有业务往来部门的联系,与电信局有关部门保持密切联系,以保证电信业务的顺利进行;负责员工排班,监督员工的考勤情况;在中心工作范围内,解决客人的投诉;根据不同时期的特点,制订有效的工作计划;查阅交接班本及有关文件、通知,注意将夜间接收的传真及时交到客人手中,疑难文件速交大堂副理处理,并核对前一天的营业日报表,核对单据,杜绝财务漏洞;检查中班、早班卫生工作的质量;检查当班员工仪容仪表;检查工作准备情况,如:价目表、计算器、收据、零钱;电传、传真线路是否畅通,复印机是否正常(是否清楚、钻粉是否够),碎纸机是否正常等;了解当天 VIP 情况,并安排好工作,遇有难题,及时汇报或与店内外有关部门联系,以便尽快解决;给员工培训、上课;检查早、中班情况,并作工作指示;作好当天工作记录;定期召开例会,讲评上周工作,传达部门主管会议的有关内容。

2) 商务中心领班

带领下属文员向客人提供传真、复印、打字、文字处理及票务等服务;检查文员工作质量,发现问题,及时纠正;处理客人投诉并及时向主管报告;统计每日营业收入,制作表格交主管签字后送计财部;保养商务中心的各种设备。

3)商务中心职员

严格遵守酒店的考勤制度;上班前检查自己的仪容仪表,合格后方可上岗;用标准的问候语言与客人打招呼,微笑自然;与客人交谈时,要友好、热情、礼貌;回答客人问题时,要迅速而准确;懂得为客人保密,除员工外,客人不得查阅电传、传真等文件,客人不得进入电传、传真区域;为客人复印文件,处理客人的传真收发;要有较高的中、英文打字能力,能够辨认客人各种字体和笔迹;禁止客人阅读电脑系统;正确对待客人投诉,解决不了的问题及时上报主管或大堂副理;保证工作环境整洁,办公设备良好;认真写好交接班本,要求书写清楚、正确、完整。

7.1.2 商务中心员工的素质要求

商务中心工作的基本要求是:接待客人热情礼貌,回答客人问讯迅速、准确;为客人提供服务高速、快捷、耐心、细致。为了做好商务中心的服务工作,要求商务中心员工必须具备以下素质:

熟悉本部门的工作业务和工作程序,掌握工作技巧和服务技巧;性格外向,机智灵活,能够与客人进行良好的沟通;工作认真、细致、有耐心;具有大专以上的文化程度和较高的外语水平,知识渊博,英语听、说、笔译、口译熟练;具有熟练的电脑操作和打字技术;掌握旅游景点及娱乐等方面的知识和信息(如本市旅游景点及娱乐场所的位置、电话、票价及消费水准等),了解中国历史、地理,熟悉酒店设施和服务项目。与各航空公司和火车站等交通部门保持良好的关系,熟知各种类型的票价及各种收费标准,熟知国内外邮政须知及收费标准,熟知国内外报纸、杂志的类型及收费标准。

第2单元 商务中心工作程序及要求

Unit 2 Service Procedure and Requirements of the Business Center

7.2.1 复印服务工作程序

1)复印服务操作程序

①主动问候客人,按要求受理此项业务。②问明客人要复印的数量及规格,并作好记录。③告知客人最快交付时间。④告知客人复印价格。⑤复印后清

点,按规定价格计算费用,办理结账手续。⑥复印完毕,取出复印件和原件如数交给客人,询问客人是否需要装订或放入文件袋。⑦礼貌道谢。⑧在复印登记表中登记。

2) 复印服务流程(copying)

(1) 向客人问好

Greeting the arriving guests in a warm and polite manner.

(2)询问客人的服务需求

Asking for the requirements of the guest.

①复印份数:The number of copies

②纸张大小:The size of copies

③纸张颜色:The color of copies

(3)说明资费标准,并弄清楚付款方式

Explaining the service charge and understanding the way of payment.

(4)确认客人姓名及房号

Confirming the guest's name and the room number in the computer.

(5)填写有关表格,完备记录并存档

Filling in relevant forms and putting them in a file.

【任务1】

★A hotel guest John Davis from Apple comes to the Business Center for copying a contract.

苹果公司住店客人约翰·戴维斯先生到商务中心要求复印一份合同。

★The guest wants Miss Zhang to send the materials to the meeting room.

客人要求商务中心服务员小张将合同送到会议室。

【情景对话】

Z: Miss Zhang,a clerk

小张:服务员

D: Mr. Davis,a guest

戴维斯先生:客人

Z: How do you do, sir! This is the Business Center. I'm Zhang,an employee here. What can I do for you?

您好,先生。这里是商务中心,我是这里的工作人员,姓张,请问有什么可以帮忙的吗?

D：Hello! I'm Mr. Davis,a guest of the hotel from Apple. I'd like to have some materials copied.

是的。我是苹果公司住贵酒店的客人。我想请你帮我复印点资料。

Z：How many copies would you like to have?

您需要复印多少份?

D：Two copies of each.

每份复印两份。

Z：What size would you like to have for the copies?

请问您要使用多大的纸张?

D：A4.

用 A4 纸就可以了。

Z：Would you like color or black and white?

请问是用彩色的还是黑白的?

D：Color,please.

彩色的。

Z：Please have a look. Is the color of this testing-paper good enough?

请您看一下,需要把颜色调深点还是浅点?

D：It's OK. What about the charge?

这样挺适合。你们的收费标准是什么?

Z：The charge is 2 RMB per page,and the total is 30 RMB. How would you pay? In cash or charged to your room?

我们的收费标准是每张 2 元,费用一共是 30 元。请问您如何付账呢? 是记入房账还是直接付现金?

D：Go with room charge.

记入房账吧。

Z：Would you please show me your room card? Thank you!

请出示您的房卡,谢谢!

D：I'm in room 1205.

我住在 1205 房间。

Z：Where shall I send the materials?

复印好后我给您送到哪里去?

D：Please send them to the meeting room directly.

直接送到会议室吧。

Z：When is suitable?

什么时候送去较合适?

D：4：00 p. m.

下午 4：00 吧。

Z：That's good. I'll come to see you then. Goodbye!

好的,我准时送去。再见!

7.2.2 商务中心收发传真的工作程序

1)商务中心收发传真的操作程序

(1)商务中心收到传真的操作程序

①收到传真后,认真阅读传真所涉及的客人姓名及房间号码。②核查所传内容是否完整,页数是否正确。③查阅电脑,核实收件客人的姓名及房号。④准备好信封,注明客人的姓名及房号。⑤登记在客人接收传真登记簿上,注明收到的日期、客人姓名、房号、页数及收到时间。⑥电话通知客人有传真,如联系到客人,并且客人同意前来领取,需在登记簿上注明电话通知时间。⑦如客人希望送房,通知行李员前来领取转送客房,同时需在登记簿上签名。⑧当客人领取传真时,必须请客人在商务中心服务单据上签字,确认付款方式。⑨商务中心必须把下班前客人仍未前来领取的传真送至前厅接待处转交客人。⑩对于酒店内部传真,通知各部文员来领取,并在内部传真登记本上签名。

(2)商务中心发送传真的操作程序

①主动向客人问好。②询问并确认客人所需要的服务项目。③传送时,所发内容在传送之前必须与客人重新确认,保证所传信息内容正确无误。④商务中心文员必须确认传真号码及国家、地区代码,以保证发送正确。⑤传送完毕,商务中心文员须立即填写商务中心服务单据,写明所需费用、时间,并请客人签名。⑥如传送失败,必须再请示客人。⑦传真的原始单必须送还客人。⑧所有传送服务必须记录在传真传送记录本上,以备查验。⑨将商务中心服务单据送至前台收银入账。

2)收发传真服务流程(Fax Sending and Receiving)

(1)做好营业前的各项准备工作

Making thorough preparations for the work.

（2）热情迎接并主动问候客人

Greeting the arriving guests warmly and politely.

（3）仔细了解客人的服务需求

Understanding the guest's needs carefully.

（4）仔细检查传真机的运行情况。

Examining the working condition of the facsimile machine.

（5）发传真时，向发件人了解清楚接收方的传真号码，然后开始发送

Making clear the forwarding number of the receiver when sending a fax.

（6）收传真时，应仔细确认收到页数，查看传真件的效果，然后进行装订并及时送交收件人

Making sure the amount of pages and the effect before binding in a volume when receiving a fax, and then deliver it to the guest as soon as possible.

（7）填写登记表格并作好相应记录

Filling in relevant forms and making records.

（8）按照酒店规定收费

Accounting charges according to hotel regulations.

（9）了解客人的付款方式并完成结算事宜

Checking the way of payment of the guest.

（10）做好资料登记及归档工作

Putting the materials in file and making a record.

【任务2】

★John Davis, a hotel guest, comes into the Business Center. He asks Chris to send a fax for him.

住店客人约翰·戴维斯来到商务中心，要求克莉丝帮他发一份传真。

★Chris meets the guest politely. She takes the manuscripts and inquire the fax number.

克莉丝首先礼貌接待客人，从客人手中接过传真件，并询问收件人的传真号码。

★Chris dials the number of the receiver and begins to send the fax. After everything is OK, she goes through the procedures of the payment.

克莉丝拨通号码后，顺利将传真件发出，在与对方确认全部收悉后，为约翰·戴维斯办理了结账手续。

【情景对话】

C：Chris，an employee at the Business Center of the hotel

克莉丝：酒店商务中心的员工

J：John Davis，a hotel guest

约翰·戴维斯：客人

C：Good Morning，Mr. Davis！What can I do for you？

早上好！戴维斯先生，请问有什么需要帮忙吗？

J：How are you！I'd like to send a fax.

你好！我想发一份传真。

C：All right. Please sit down here and give me the documents. The fax machine is ready，Please tell me the number.

好的，您先请坐，把传真件给我吧！传真机已准备好，请告诉我对方的传真号码吧！

J：0775-2346788.

0775-2346788。

C：Let me confirm it，10 pages，the fax number is 0775-2346788. Is that OK？

让我确认一下，您总共发 10 张，传真号码是 0775-2346788，对吗？

J：Yes. You can send it now.

没错！可以发过去了。

C：Please wait a moment… Mr. Davis，the receiver has gotten all pages of the fax. Here are your documents，please be careful with them.

好的，请稍等！戴维斯先生，传真已经发过去了，对方已确认全部收悉。这是您的原稿，请收好。

J：Thank you！How much is it？

谢谢！请问费用是多少？

C：According to the hotel's regulations，the charge is 2 RMB per page，altogether 20 RMB for 10 pages. Would you like to pay in cash or charge it to your room？

我们是按每张 2 元收费，您一共发了 10 页，费用总共是人民币 20 元。请问您是付现金还是记房账？

J：I'll pay for it in cash.

我付现金吧。

C：Thank you.

谢谢！

J：Thank you！See you！

好的,谢谢! 再见!

C：Thank you very much．If you need anything else,please contact me.

非常感谢,如您还有事情需要帮忙,请随时与我联系。

【任务3】

★Chris in the Business Center has received a fax for John Davis in hotel room 1505 at 10:00 a. m. on the 5th.

商务中心克莉丝5日上午10:00 收到发给住在1505 房间约翰·戴维斯先生的一份传真。

★She tells John Davis immediately,and then asks the room attendant to hand it over to his room.

克莉丝随即与客房服务员取得联系,并将传真件交由客房服务员送到客人房间。

【情景对话】

C：Chris,an employee at the Business Center of the hotel

克莉丝:酒店商务中心服务员

Z：Miss Zhang,an employee in the Housekeeping Center

小张:客房部服务员

C：Hello！This is Chris in the Business Center. Who is this?

您好! 客务中心。这里是商务中心,我是克莉丝,请问您是哪位?

Z：I'm Miss Zhang in the Housekeeping Center . What can I do for you?

我是客房部服务员小张,请问有什么需要帮忙吗?

C：We have just received a fax for John Davis in room 1505. Could you please take it to his room at once?

我们刚收到一份给1505 房间约翰·戴维斯先生的传真,请你尽快把这份传真送到他的房间好吗?

Z：OK. I'll fetch it at once.

好的,我马上去取。

C:Please sign the form, and let me know when it has been delivered to John Davis.

请你签收一下,交给约翰·戴维斯先生后,请通知我们确认一下。

Z：OK. See you!

好的。再见!

知识库 7-1

商务中心传真服务登记表
Business Center Fax Sending and Receiving Services Form

贵宾姓名 Guest Name		房号 Room No.		日期 Date	
传真号: Fax No.		发往国家或地区: To country		页数: Page	
打字: Typing				页数: Page	
复印: Copying				页数: Page	
备注: Specify					

经办人:
Operator

7.2.3 票务服务的工作程序

1) 票务服务的操作程序

①礼貌询问宾客的订票需求,如航班、线路、日期、车次、座位选择及其他特殊要求。②通过电脑快捷查询票源,如遇客人所期望的航班、车次已无票时,应向宾客致歉,并作解释,同时主动征询客人意见,询问客人是否延期或更改航班、车次等。③请客人出示有效证件或证明,办理订票手续,注意与登记单内容进行核对。④出票、确认。⑤向客人微笑致谢,目送客人。

2) 票据服务流程

(1)热情问候并迎接客人
Greet the guests warmly and politely.
(2)询问客人预订交通工具种类
Make sure what kinds of transportation vehicles the guest wants to travel by.
(3)准确记录客人的要求并再次与客人进行确认
Record the guest's demand accurately and make a confirmation.
(4)若因特殊原因导致交通高峰时票源紧张不能满足客人需求,应提前通

知客人

Explain the reason of heavy traffic in advance if there is a special event occurred that causes tickets in great demands.

(5)请客人出示身份证或其他订票所需的证件

Ask the guest to show certificates or other identification materials.

(6)要求客人留下联系方式并询问付款方式

Inquire the guest of the method of contact and the way of payment.

(7)告知客人最迟可以取票的时间

Tell the guest the latest time of fetching the ticket.

(8)在计算机中查找信息或与出票机构取得联系

Verify the reservation data on computer for confirmation.

(9)若票已取回,迅速通知客人领取

Notify the guest to fetch the ticket as soon as possible.

(10)若因故没有预订上,应提前告知客人或建议客人采取其他处理方式

Make a suggestion for the guest at once if the ticket has not been booked.

(11)按照酒店规定收取有关费用

Go through payment procedures according to hotel rules.

【任务4】

★On Oct. 5th, John Davis, a guest of the hotel, goes into the Business Center to book ticket from Guangzhou to Shanghai on Oct. 8th.

10月5日,酒店客人约翰·戴维斯到商务中心要求订1张10月8日从广州到上海的机票。

★Chris, an employee of the Business Center , is responsible for handling this issue.

商务中心克莉丝热情接待了他并办理好相关手续。

★Chris gives John Davis the ticket on the afternoon of Oct. 6th.

10月6日下午,克莉丝将机票送到客人房中。

【情景对话】

C: Chris, an employee at the Business Center of the hotel

克莉丝:酒店商务中心服务员

J: John Davis, a hotel guest

约翰·戴维斯:客人

C: Good morning, sir! What can I do for you?

您好,先生！请问有什么需要帮忙吗?

J: I'd like to book an air ticket from Guangzhou to Shanghai on Oct. 8th.

我想订 1 张 10 月 8 日从广州到上海的机票。

C: Just a moment, I'll check my computer. There are five flights on that day. When is suitable: morning or afternoon?

好的！我帮您查一下当天的航班。当天一共有 5 个航班,您是要上午还是下午的?

J: It would be best at about 10:00 a.m.

最好是上午 10 点左右。

C: There is an International Airline flight at 10:20 a.m. Is that all right?

国航有一个上午 10:20 起飞的航班,可以吗?

J: That would be nice.

可以！

C: Could you please show me your passport in order to make a reservation?

请您出示护照,我帮您登记一下。

C: You want to book an air ticket from Guangzhou to Shanghai on Oct. 8th, is that right?

您要的是 10 月 8 日上午 10:20 从广州到上海的国航班机,对吗?

J: Yes！That's right.

对。是的。

C: Your air ticket is 1,200 RMB altogether. How would you like to pay for it?

机票票价一共是 1 200 元。请问您用什么方式付款?

J: I'll pay cash.

我付现金吧。

C: That's fine！We'll give you the ticket the day after tomorrow.

好的,我们后天上午把票给您送去。

J: Good. Thank you！

好的,谢谢！

C: You're welcome！Have a pleasant day！

不用谢！祝您入住愉快！

本章主要概念

1. 复印(Copying)

2. 传真(Fax)

3. 火车票预订处(Train Ticket Booking Office)

4. 航班(Flight)

5. 机票预订(Air Ticket Booking)

同步测试(仅针对知识)

1. 假设你是商务中心员工,客人要预订 1 张从上海到杭州的车票,请模拟情景进行对话,并进行记录。

2. 完成对话。

C = Clerk　　　G = Guest

C：What can I do for you?

G：Yes,I want to book a train ticket for sitting seat from Shanghai to Hangzhou on Oct. 2nd.

C：_____

G：The express train is the best. What is the train number?

C：_____

G：That would be fine.

C：Please pay 200 RMB in advance,_____

G：OK,Thank you!

C：Goodbye,Have a pleasant stay.

本章综合实训

实训 1

实训目标:通过角色扮演编排对话,完成一次对客的复印服务。

实训资料:假设你是香格里拉酒店的商务中心文员麦克(Mike),一位客人马丁先生(Mr. Martin)要求复印 20 页 A4 规格的彩色文件。请就以上内容进行小组讨论,编制一段情景对话,并进行表演示范。

实训要求:对话编排应体现文员工作的服务流程,逻辑结构清晰;对话中使用服务行业常用礼貌用语。

实训指导:为客人提供复印服务时,首先应数清页数,先复印一份交予客人审定,经确认后,再进行所有的复印工作。当复印完毕后,与客人确认总页数,然后妥善装订再交予客人。

实训 2

实训目标:通过角色扮演编排对话,完成一次对客的传真发送服务。

实训资料:假设你是喜来登酒店的商务中心文员露西(Lucy),一位客人王小姐(Miss Wang)要发送传真。请就以上内容进行小组讨论,编制一段情景对话,并进行表演示范。

实训要求:对话编排应体现商务中心文员工作的服务流程,逻辑结构清晰;对话中使用服务行业常用礼貌用语。

实训指导:编制对话时要将传真所发送的信息内容、过程、资费等编制在对话中。

学习评价

▲职业核心能力测评表

(在□中打√,A:通过,B:基本通过,C:未通过)

职业核心能力	评估标准	自测结果		
自我学习	1. 能进行时间管理	□A	□B	□C
	2. 能选择适合自己的学习和工作方式	□A	□B	□C
	3. 能随时修订计划并进行意外处理	□A	□B	□C
	4. 能将已经学到的东西用于新的工作任务	□A	□B	□C
信息处理	1. 能根据不同需要去搜寻、获取并选择信息	□A	□B	□C
	2. 能筛选信息,并进行信息分类	□A	□B	□C
与人交流	1. 能把握交流的主题、时机和方式	□A	□B	□C
	2. 能理解对方谈话的内容,准确表达自己的观点	□A	□B	□C
	3. 能获取并反馈信息	□A	□B	□C
与人合作	1. 能挖掘合作资源,明确自己在合作中能够起到的作用	□A	□B	□C
	2. 能同合作者进行有效沟通,理解个性差异及文化差异	□A	□B	□C
解决问题	1. 能说明何时出现问题并指出其主要特征	□A	□B	□C
	2. 能作出解决问题的计划并组织实施计划	□A	□B	□C
	3. 能对解决问题的方法适时作出总结和修改	□A	□B	□C

学生签字: 　　　教师签字: 　　　20 年 月 日

▲专业能力测评表

（在□中打√,A:掌握,B:基本掌握,C:未掌握）

业务能力	评价指标	自测结果	备　注
商务中心知识	1.准确掌握各种设备的使用	□A　□B　□C	
	2.使用商务中心常用英语	□A　□B　□C	
对话编排	1.内容符合商务中心服务程序	□A　□B　□C	
	2.内容完整、充实	□A　□B　□C	
	3.对话流畅,用词准确	□A　□B　□C	
	4.语音、语调、语速	□A　□B　□C	
综合评价	1.服装、道具准备情况	□A　□B　□C	
	2.身体语言	□A　□B　□C	
	3.自信、情绪饱满	□A　□B　□C	
其他			
教师评语：			
成　　绩		教师签字	

参考文献

[1] 曹红,方宁.前厅客房服务实训教程[M].北京:旅游教育出版社,2009.

[2] 袁照烈.酒店前厅部精细化管理与服务规范[M].北京:人民邮电出版社,2009.

[3] 胡扬政.酒店英语服务实训[M].北京:清华大学出版社,2008.

[4] 王丽华,王金茹,李艳.酒店服务英语[M].北京:北京理工大学出版社,2012.

[5] 杨昆.饭店服务英语[M].上海:上海财经大学出版社,2008.

[6] 浩瀚.社交礼仪英语口语一网打尽[M].北京:北京航空航天大学出版社,2013.

[7] 来君.酒店前厅服务与管理[M].北京:中国旅游出版社,2013.

[8] 曹艳芬.酒店前厅服务与管理[M].天津:天津大学出版社,2011.